「送料」「有料」です！

人口減少社会でも持続可能な
物流サービスのあり方

森田富士夫［著］

東京 白桃書房 神田

はじめに――人口減少と物流

日本社会は大きな転換期にあります。少子高齢化が進み、人口減少が進行しているからです。それに伴い、これまでの社会の仕組みを根本的に変えなければ日本は衰退の一途をたどることになるでしょう。

私たちの日常生活の範囲で見ましても、少しずつ人口が減っていることを感じると思います。中山間地などでは空き家が増え、雑草が生い茂る合間から家屋が朽ちかけそうになっている光景を見ます。地方だけではありません。都市部でも空き家が目立つようになってきました。ですから人口が減少していることは一目瞭然です。しかし、実際にどのくらい人口が減少しているのかはなかなか実感できません。

総務省の発表では、2020年10月1日から2021年10月1日の1年間に、日本人の人口は61万8000人（外国人を含む総人口は64万4000人）も減少しています。これは鳥取県の人口より多い人数が減少したことになります。このように考えますと、日本の人口減少がいかに急速に進んでいるかが実感できるだろうと思います。

また、日本は先進国と思っている人が多いはずです。何をもって先進国とするかは基準によって異なってきますが、経済的な指標で見ますと、もはや日本は先進国とはいえません。たとえば成長戦略会議

（2020年11月19日）の資料によりますと、労働生産性の国際比較（2019年）では、日本は7・6万ドルでG7の中では最下位になっています。

近年の日本は国民1人当たりのGDPでは20位台（USドル換算）、平均年収で見ましても20位台（同）で推移しています。つまり日本はもはや経済的には先進国とはいえないのです。ただ、状況が変化したにも関わらず昔の感覚が抜けきらず、日本は先進国であるかのように錯覚している人が多いだけです。

このように見ますと、従来の社会の仕組みをそのまま継続していたのでは衰退の一途をたどることになってしまうでしょう。できるだけ早く持続可能な社会を再構築しなければなりません。

しかし、日本社会全体の再構築となると物流の範疇を超えてしまいます。また、筆者の力の及ぶところではありませんから、そこまで踏み込むことはしません。ここでは新しい日本社会の生活と経済を支えることができるような、持続可能な物流の構築について考えることにします。

日本の人口減少の進行は、国内の物流市場の縮小にほかなりません。たとえば食料や飲料、日用雑貨や衣料品などの消費財は、人口減少とほぼ比例して需要が減少すると考えて良いでしょう。そのような状況を踏まえて、国際物流は別ですが、あくまで国内物流を前提に当著ではサステナブルな物流の姿はどうあるべきかを問題提起することにします。

持続可能な物流の構築を考える中で、物流業界で危惧されている「ドライバー不足」や「物流危機」についても改めてとらえなおし、その克服の方向性を考えたいと思います。

結論からいえば、物流業界が抱えている諸問題を解決して、新しい社会における暮らしと経済を支えるサステナブルな物流を構築するには、物流事業者、荷物の発荷主や着荷主といった直接物流に関わる当事者だけでは難しくなっています。サプライチェーン全体に関わる人たち、さらには国民の皆さんも含め、社会全体で考えなければならない問題になっているのです。

しかし、残念なことに国民の多くは物流に対する関心が低いのが現状です。もっと率直にいえば物流への関心がほとんどありません。筆者がＷｅｂにＵＰしている物流関係の記事の反応をもとに判断しますと、一般の人たちが高い関心を示すのはネット通販がらみの宅配に関する記事です。それ以外の関心は非常に低いのが現実です。

経済産業省の「電子商取引に関する市場調査（２０２２年8月12日）」によりますと、物流に関わりのある「物販系分野のＢtoＣ‐ＥＣ」の２０２１年の市場規模は13兆２８６５億円で、前年比８・61％の伸びでした。ＥＣ化率は８・78％です。特にＥＣ化率が高いのは「書籍、映像・音楽ソフト」46・20％、「生活家電、ＡＶ機器、ＰＣ・周辺機器等」38・13％、「生活雑貨、家具、インテリア」28・25％、「衣類・服装雑貨等」21・15％などとなっています。つまり、今やネット通販はそれだけ多くの人たちの日常生活に欠かせないものになっています。しかも商取引を完結するためには宅配という物流が不可欠な要素になっているのです（決済方法も不可欠ですが）。

他方、一部の人たちには必要なはずの引っ越しサービスに関する記事をＵＰしても、ネット通販や宅配の記事と比べるとアクセス数が大きく減少します。それ以外の物流に関する記事の反応についてはいうまでもありません。

しかし、これは仕方がないことです。物流市場のほとんどはＢtoＢの企業間取引だからです。ネット通販に限らず、宅配便の利用は日常生活におけるライフスタイルの一つとして定着しています。しかし、引っ越しやトランクルームなど「消費者物流」といわれるサービスでも、ごく少数の人にしか必要ないからです。また、宅配便を含めても「消費者物流」は物流市場全体から見ますとほんの僅かでしかありません。つまり物流市場の大部分は企業間取り引きなので、一般の人たちの関心が低いのは当然です。

しかし、これからは人口減少によって過疎化する地域が拡大してきます。すると、食品や生活必需品を人口が希薄な地域にどのように安定的に供給するか、といった問題が出てきます。一方、流通チャネルの変化によって、ネット通販などが増えてくると宅配はますます増加してきます。過疎地域への生活必需品の供給にしましても、ネット通販の宅配にしましても物流そのものです。つまり新しい社会の中でどのような物流の仕組みを構築していくかは、私たちの日々の生活と密接に関連しているのです。

これは過疎地域だけの問題ではありません。都市部やその近郊でも、高度成長期に開発・販売された戸建住宅の、当時の新興住宅街などでは、若い人たちが減って住民の高齢化が進行しています。それに伴い「買い物難民」あるいは「買い物弱者」といわれるような人たちが増えつつあります。

定年退職したような高年齢層の人たちが地域住民の大半になると通勤者が減ります。そのため最寄り駅までの路線バスも便数が削減されます。さらに路線バスが廃止になる地域も出てくるでしょう。すると「買い物代行」といったサービスが必要になってきます。

また、約半世紀前に建設された集合住宅ではエレベーターがないものも多いです。そのような中で住民の高齢化が進み、上層階に住む高齢者の人の中には定期的なゴミ出しも大変な人たちも増えてきました。そのため「ゴミ出し代行サービス」なども始まりつつあります。だが現在は訪問介護のヘルパーの人たちが大半を担っています。

「買い物代行」や「ゴミ出し代行」など、これらはすべて広義の物流です。そのようなことから、新しい社会における暮らしと経済活動を支える持続可能な物流の構築は、地域コミュニティを支える重要な社会的構成要素なのです。

このようなフレームの中で、直面しているドライバー不足や物流危機の克服を考えていかなければなりません。より具体的な課題としては、国内貨物輸送の約6割（重量ベース）を担う営業用トラックの「2024年問題」も、このような文脈の中でとらえていく必要があります（国内貨物輸送の約3割を担っているのが自家用トラックです。営業用トラックと合わせると、トラック全体では国内貨物輸送の9割以上を運んでいます）。

「2024年問題」というのは、2024年4月からトラックドライバーの時間外労働の上限規制が年960時間になることです。一般にはすでに2019年4月から大企業が、2020年4月からは中小企業でも時間外労働の上限は年720時間になっています。それにも関わらずトラックドライバーの場合には、2024年4月から960時間を適用するのが難しい事業者が少なくない、というのが実態です。

当著で紹介するように、トラックドライバーの長時間労働の原因は様々です。たとえば食品の品質には問題がなくても、商慣習で廃棄されてしまうものもあります。廃棄ロスは環境にも関わりますが、物流面ではそれだけ無駄な仕事をしていることになり、人手不足や長時間労働の一因にもなっています。このような問題は消費者の皆さんとともに考えていかなければ解決できません。この「2024年問題」をクリアしなければ、暮らしと経済を支えることができなくなってしまいます。

したがって、これからの日本の社会を支えるサステナブルな物流サービスを構築するには、広く国民の皆さんとともに考えていかなければならないのです。それにも関わらず物流に関心が低いのはなぜでしょう。それを象徴しているのが「送料無料」です。

「送料無料」という欺瞞

ネット通販などでは「送料無料」と表示されることがごく普通になっています。しかし、送料にコストがかからない、といったことはあり得ません。送料には費用が掛かっているのです。

たとえばプラネットが発表した「宅配便に関する消費者の意識調査（2022年8月）」によりますと、「インターネット・通信販売を利用する際、宅配にかかっている労力やコストを意識しているか」との問いに、「意識している」という回答が68％になっています。男女とも年齢が高くなるほど「意識している」という回答率が高くなっています。「意識している」という回答が45・8％と半数以下は30代の男性だけでした。

このように配送にかかっている費用を意識している人は多くても、しかし「送料無料」という表示に疑問の声を上げる人は少ないのではないでしょうか。配送にはコストがかかるのを分かっていながら、ネット通販会社が販売競争上で「送料無料」と謳って購入者に「お得感」を与えようとしている、といった程度の認識ではないかと思われます。

では、実際はどうなのでしょう。

物流コストがゼロといったことはあり得ません。実際には配送料がかかっているのですから、送料が無料なのではなく、ネット通販会社が送料を負担しているのです。

ですから本来なら「送料は当社が負担します」と表示すべきでしょう。あるいは「お客様は商品の代金の他に送料を負担しなくても良いです」という表現でもかまいません。お客は商品の代金とは別に送料を払わなくても良いという意味において「送料無料」なのです。

いや、待ってください。本当にそうでしょうか。

本当にお客は「送料無料」で、ネット通販会社が送料を自社で負担しているとしたら、ネット通販会社は経営が成り立たなくなってしまうのではないでしょうか。キャンペーン期間中だけといったように期間限定なら、赤字覚悟で本当にネット通販会社が送料を負担することもあり得るでしょう。しかし常時、すべての顧客に対して送料を負担していたら経営ができなくなります。

また、損をしてまで商売をする人はいません。ですから「送料無料」と謳っていても適正な利益を得ているネット通販会社では、販売価格に送料分を含んでいることになります。

そうなりますと「送料は当社が負担します」という表現も欺瞞ということになってきます。

実際には購入者が送料を負担しているのですから、「送料は商品の販売価格に含まれていますので、別途、送料をお支払いいただく必要はありません」が正しい表現ということになります。

消費税にたとえれば、内税の価格か、税抜きの外税の価格かと同様です。ネット通販で一般的に「送料無料」と表記されているのは、正確には送料は販売価格に含まれているので、商品価格とは別に送料を払う必要はない、という意味です。

一方、商品の販売価格とは別に、「送料何円」としているネット通販会社もあります。これなら、商品の価格はいくらで、それに送料がいくらプラスされるということが、購入者にハッキリと分かります。

日本の消費者は賢いです。先のプラネットの調査結果からも分かるように、本当に「送料無料」と信じて購入している人は少ないでしょう。特にネット通販のコアな利用者なら、同じ商品でも送料を含んだ販売価格と、商品の価格と送料を足した金額と、どちらが高いか安いかを比較して購入しているはずです。

このように「送料無料」は欺瞞以外の何物でもないのですが、それが堂々とまかり通っているのも不思議です。「不当景品類及び不当表示防止法」から見て「送料無料」は問題ないのでしょうか。テレビコマーシャルを見ながら、いつも疑問に思っています。しかも「送料無料」は末端の宅配の大部分を担っている貨物軽自動車運送の自営業者の低単価と長時間労働で成り立っているのです。

このように一般の人たちが物流に関心が低い現状を一言で象徴するようなワードは何かを考えました。その結果、行きついたのは「送料無料」ではないか、ということです。

そのような意味で、一般の人たちが物流に対する関心が低い現状を象徴する「送料無料」に対するアンチテーゼとして、最も簡潔なワードが「送料有料」です。また、物流に関心を向けていただきたいという思いを込めて、タイトルを「『送料有料』です！」にした次第です。

２０２２年11月

目次

7 営業用トラックドライバーの不足問題と課題 86

13 新しい日本社会と消費者密着物流サービス 171

14 持続可能な物流構築は社会全体の問題 181

1 これからの日本はどうなる？

人口減少が進む

総務省が２０２２年４月に発表した「人口推計」によりますと、２０２１年10月１日現在の在留外国人も含む日本の総人口は１億２５５０万２０００人です。前年に比べますと64万４０００人（０・51％）の減少でした。これは比較可能な１９５０年以降では過去最大の減少幅です。

このうち日本人の人口は１億２２７８万人で、前年に比べますと61万８０００人（０・50％）も減少しています。そして減少幅は10年連続で拡大しています。

自然増減では60万９０００人の減少で、15年連続の自然減少となり、減少幅は拡大しています。

また社会増減で見ますと３万５０００人の減少です。社会減少は９年ぶりです。

このうち日本人の社会減少は７０００人で、３年ぶりの社会減少になりました。また、外国人は２万

８０００人の減少で、外国人の社会減少は9年ぶりのことです。おそらくコロナの影響が大きかったのではないかと思われます。

一方、総務省の「都道府県別人口と人口増減率」を見ますと、日本人の人口が一番少ない県は鳥取県で54万４０００人（２０２１年10月１日）です。二番目に少ない県は島根県の65万５０００人（同）です。

２０２０年10月１日から２０２１年10月１日までの１年間の日本人の人口減少は61万８０００人ですから、鳥取県の日本人の全人口よりも7万４０００人も多いことになります。また、島根県の日本人の全人口より僅か3万７０００人少ないだけの人口が減少したことになります。

このように見ますと、日本の人口減少がいかに急激に進行しているかが分かるでしょう。一定の地域から一度にまとめて人口が減るわけではありませんから、一般論としては人口が減少していることが分かっていても、どれほど激しい減少かが実感しにくいだけです。

人口の偏在化が進む

人口の減少と同時に、さらに別の問題もあります。全体的に人口が減少しているだけではなく、人口の地域的な偏在も併行して進行しているからです。

総務省の資料を見ますと、２０２０年10月1日から２０２１年10月1日までの1年間に人口が増加したのは沖縄県だけでした。沖縄県は社会減少でしたが、自然増加がそれを上回ったために、トータルでは人口が増加したのです。

それに対して社会増加したのは、関東地方では茨城県、埼玉県、千葉県、神奈川県、山梨県、近畿地方では滋賀県、大阪府、九州地方では福岡県です。これら1府7県では社会増加していますが、いずれも自然減少が社会増加を上回りました。そのために社会増加の1府7県もトータルでは人口が減少するという結果になりました。それ以外の38都道府県は自然減少と社会減少がともに進んでいます。

このように現在の日本では人口減少と人口の偏在化が同時に進行しています。これを物流面から見ますと消費財をはじめとした国内貨物輸送量の減少だけでなく、地域によって輸配送密度の濃淡の差が拡大するという問題が生じてきます。

先述したように２０２０年10月から２０２１年10月で見ますと、人口の自然増加は沖縄県だけで、その他の都道府県は自然減少でした。それでも人口が社会増加している1府7県はまだ良いのですが、社会減少と自然減少が同時に進行している地域では輸配送密度が薄くなってきます。

輸配送密度の薄い地域は輸配送効率が低下することになりますので、輸配送ルートの再編成や、積載効率を高めて車両数を減らすなどの方策が必要になってきます。

これは路線バスにたとえれば分かりやすいでしょう。人口が減少して利用客が少なくなれば運行本数を減らすなどの措置が必要になります。さらに人口減少が進んでもっと利用客が少なくなりますと、路線の廃止が現実的な課題になってくるのと同じです。

このように、とりわけ人口減少が進んでいる地域における物流ネットワークの再構築は今後の大きな課題になってきます。

日本は高齢化が進む

では、日本の将来の人口はどうなるのでしょうか。

国立社会保障・人口問題研究所の「日本の将来推計人口（平成29年推計）」では、死亡中位推計で、２０１５年の総人口は1億２６６０万人ですが、２０４０年には1億７２８万人に減少すると推計しています。25年間で約15％の減少です。

この推計では新型コロナによる影響などは反映されていません。当時は新型コロナ感染などは予想もしなかったのですから仕方がありません。

ただトレンドを知るという意味で単純に考えますと、２０１５年と比べて２０４０年には、食料や飲料それに日用雑貨や衣料品など消費財の需要が15％減少することを意味します。

さらに人口の減少だけではなく、高齢化の問題も考えなければなりません。高齢化がますます進行していくことを考慮しますと、人口の減少以上に食べ物などの消費量は減少すると考えて良いでしょう。たとえば衣類なども、高齢者は若い人たちほどは購入しません。このようにあらゆる面で市場が縮小し、それに伴う国内物流も減少することになります。

このように国内の物流市場はこれから縮小していくことになるのです。当然ですが、人口が減少すれば食品や飲料、日用雑貨や衣料品といった消費財の需要は減少します。

国土交通省では国内貨物輸送量を総輸送量の他に、消費関連貨物、生産関連貨物、建設関連貨物と3つの品類別に集計しています。それによりますと2021年度（実績値）の国内貨物総輸送量はコロナの影響からやや回復して前年度比＋2・9％の42億5240万tでした。これを品類別に見ますと、消費関連貨物は8億9810万t（前年度比＋4・2％）、生産関連貨物は13・8260万t（＋2・4％）、建設関連貨物が18億9960万t（＋2・8％）でした。

2022年度についてはNX総合研究所（旧日通総合研究所）の2022年10月発表の「見通し」になりますが、それによりますと国内貨物総輸送量は、2022年度は42億3280万t（－0・5％）となっています。

品類別では、消費関連貨物は、2022年度が9億3980万t（＋4・6％）です。生産関連貨物は、14億530万t（－0・7%）。建設関連貨物は18億4850万t（－2・7%）となっています。

消費関連貨物は、2021年度、2022年度はいずれも前年度比プラスという見通しです。これは、新型コロナによる2020年度の大きな落ち込みから少しずつ回復することを意味しています。しかし、それでもコロナ以前には回復しません。一方、生産関連貨物と建設関連貨物は2021年度はプラスですが、2022年度は前年度を下回るという見通しです（NX総合研究所の見通し）。

国内貨物輸送量が減少し商品1個当たりが負担する物流コストが上昇

一方、日本ロジスティクスシステム協会（JILS）は、「ロジスティクスコンセプト2030」で、中期的な国内の貨物輸送総量の推移を予測しています。それによりますと国内貨物総輸送量は2020年の47・2億tに対して、2030年には45・9億tまで減少するという予測です（ただし、JILSが「ロジスティクスコンセプト2030」を発表したのは2020年1月なので、2020年の数値にはコロナの影響が反映されていないために、先述の国交省の実績値とは乖離しています）。

コロナの影響は別として、ここではあくまで今後のトレンドを考えるという観点からJILSの予測を参考にします。すると国内貨物総輸送量は2020年の47・2億tから2030年には45・9億tまで減少するという予測です。つまり、今後10年間で約４％減少するだろう、と試算されています。

先述のように国内貨物輸送量が減少する基底的要因は人口減少にあります。商品などの購入者の減少によって販売量が減少すれば、これまでと同じ物流の仕組みで商品を供給していたら、商品１個当たりが負担しなければならない物流コストが逓増するのは明らかです。それだけではありません。人口偏在がさらに進むために、過疎化が進行する地域では商品１個当たりの物流コストはいっそう高くなります。

先に見ましたように２０２０年10月１日から２０２１年10月１日までの１年間で、人口が増加したのは沖縄県だけでした。沖縄県は社会減少を自然増加が上回ったからトータルで増加したのです。だが沖縄県でも社会減少つまり人口流出は進行しているのです。

それに対して茨城県、埼玉県、千葉県、神奈川県、山梨県、滋賀県、大阪府、福岡県は社会増加を自然減少が上回ったためにトータルでは減少しました。しかし、これらの１府７県には他の都道府県から人口が流入したことになります。

さらに一つの県内だけを見ましても県庁所在地への人口集中など、エリア内での人口偏在も進行しています。このように人口の偏在化が進んできますと、人口流失地域では商品１個が負担する物流コストがより増加することになります。

このようなことから、国内で販売される消費財の製造業や流通業の企業では、従来と同じ物流の仕組みのままでは、いずれコスト的に立ちいかなくなってしまう可能性があります。これこそが「物流危機」

の本質です。

トラックドライバーが不足して運べなくなるから「物流危機」と一般にはとらえられています。それならば法律を改正して外国人もトラックドライバーとして働けるようにすれば「物流危機」は回避できることになります。あるいは仮定の話になりますが、トラックドライバーの働き方改革が進んで、労働時間の短縮と賃金のアップが実現して他業種からの転職者が増えたとします。そのようにして、かりにトラックドライバーが必要なだけ確保できたとしても、国内市場の縮小という本来の「物流危機」は避けられないのです。ただ現象としては、ドライバー不足が「物流危機」の原因であるかのように見えることは否定できません。

だが、本来の「物流危機」を乗り越えるにはどうしなければならないのかを考えなければ、持続可能な物流を構築することはできません。

2 新しい日本社会の暮らしと経済を支える物流はどうなる？

保管と輸送

物流には大きく分けると保管することと運ぶことの2つがあります。

たとえば日本人の主食であるコメを例にとりましょう。二毛作の地域もあるでしょうが、コメは基本的には毎年秋に年1度の収穫です。すると今年の秋に収穫したコメは翌年の秋まで食べなければなりませんから保存しておく必要があります。

同時に、コメの収穫できる産地から大都市などの消費地まで運ばなければいけません。生産地と大消費地は距離的に離れていますから、その間を移動させなければ消費できないことになります。

前者が保管で、そのような役割を担っているのが倉庫業です。後者が輸送で、運ぶことを生業にしているのが運送業です。

まず倉庫から見ましょう。「倉庫業法」という事業法があります。そして倉庫業を営むには「国土交通大臣の行う登録を受けなければならない」とされています。登録を受けるには「倉庫の種類毎に定められた施設・設備基準」を満たし、倉庫管理主任者を選任することが必要です。

倉庫業には普通倉庫業、冷蔵倉庫業、水面倉庫業という3種類があります。

まず普通倉庫ですが、これには1類倉庫（一番グレードの高い倉庫で様々な貨物を保管しますが冷蔵品や危険品は扱えません）、2類倉庫（防災・耐火性能が不要です）、3類倉庫（防火・耐火だけでなく防湿性能も不要です）、野積倉庫（塀や策などで囲まれた区画で風雨にさらされても大丈夫なものを保管します）、貯蔵槽倉庫（サイロやタンクなどとも呼ばれるもので、容器や袋などに入っていないバラ状の貨物や液状の貨物を保管します）、危険品倉庫（消防法上の危険物や高圧ガスなどを保管します）、トランクルーム（個人の荷物や企業の書類などを保管します）があります。

次に冷蔵倉庫ですが、水産物、畜産物、農産品、冷凍食品などの食品、その他で、10℃以下の温度で管理する貨物を保管します。10℃以上は普通倉庫の範疇になります。冷蔵倉庫で管理する温度は10℃から－40℃以下など貨物特性によって様々です。大きく分類しますと10℃から－18℃を冷蔵、－18℃以下を冷凍と呼んでいます。なお、最近はコンビニでチルド食品が増えていますが、5℃から－5℃をチルドと呼ぶこともあります。ただし、チルドにはいくつかの規定がありますが、一般的には厳密な規定なしでチルドと呼んでいます。宅配便事業者などは0℃から－5℃をチルド便としているようです。

水面倉庫は、防護された水面に浮かべて貨物を保管する営業倉庫です。主に原木などで、乾燥すると割れてしまったりするために、水面に浮かべて保管するのです。

また、これら倉庫業法の分類とは別に、倉庫の立地によって港湾倉庫とか内陸倉庫などということもあります。輸入貨物などについては通関前の貨物を保管する保税倉庫といったものもあります。

このように倉庫にも様々な分類がありますが、産地から倉庫まで、輸入品なら港から倉庫まではトラック輸送になります。また、倉庫から消費地などにもほとんどがトラック輸送です。つまり倉庫業の前後には運送業があるのです。

そこでトラック輸送を含めた運輸の種類について見ることにします。

輸送モードごとの特徴

国内貨物輸送の担い手は鉄道（ＪＲ、その他）、自動車（営業用、自家用）、内航海運、国内航空に分けられます。

国土交通省の資料によりますと２０２１年度の国内貨物総輸送量（実績値）は42億５２４０万ｔで、輸送機関別の輸送量は次の通りです。

鉄道　３８９０万ｔ（分担率０・91％）
ＪＲ　２６４０万ｔ
その他　１２５０万ｔ
自動車　38億８８４０万ｔ（分担率91・４％）
営業用　26億２１０万ｔ（61・２％）
自家用　12億８６３０万ｔ（30・２％）
内航海運　３億２４７０万ｔ（分担率７・６％）
国内航空　48万ｔ（分担率０・01％）

これらの輸送機関にはそれぞれ特徴があります。

鉄道にはＪＲと私鉄などがあります。そして鉄道輸送の強みは大量の荷物を低コストで長距離輸送できることです。一般的には輸送距離が５００㎞を超えると鉄道が有利といわれています。

しかし、レールは各旅客鉄道会社の所有ですから、旅客のダイヤが優先されるために貨物列車がレールを使える時間（帯）には制約があります。そのため発着の時間も制限されてきます。また、列車がすれ違うための交換施設の関係などから、一度に連結できる車両数（長さ）が制限されます。その他、鉄道の貨物輸送には輸送キャパシティという限界があります。時間帯と輸送能力という制約です。

ただ採算割れしている旅客鉄道の路線を維持して人口が減少している地域における生活の「足」を維持することは、新しい日本の社会をどのように構築していくか、という観点からも検討しなければならない課題です。さらに環境問題の側面などからも、貨物輸送において鉄道をいかに活用するかは重要です。旅客鉄道会社の在来線における赤字路線の収益性向上と物流の効率化を考えますと、旅客車両に貨物車両を連結して運行する貨客輸送などは今後、検討していくことが必要です。これまで荷物の鉄道輸送は全体的に長距離幹線輸送を前提に考えられていましたが、これからは赤字のローカル路線を活かす形での貨客輸送を考え、ローカル支線での貨物輸送も考えていくべきでしょう。

一方、赤字路線ではありませんが、新幹線でも貨客同時輸送や、新幹線の路線を使った貨物専用列車の運行なども検討されています。これは幹線の長距離輸送でスピード化も含めた鉄道の活用といえます。いずれにしてもモーダルシフトでは鉄道をいかに活用するかが課題です。

この鉄道輸送では、競争力の強化や他の輸送モードとの連携なども検討されています。たとえばブロックトレインの増強です。ブロックトレインはコンテナ専用列車で、一般の貨物列車はシングルトレインといいます。ブロックトレインにも1社の荷物だけのコンテナを積む専用ブロックトレイン、複数の企業の荷物を積み合わせたコンテナを積む混載ブロックトレインがあります。

他のモードとの連携では船と鉄道のSea&Railや、航空と鉄道のAir&Railなど、環境、コスト、リードタイムなどを考慮した様々な取り組みが進められています。

一方、内航海運も大量の荷物を長距離輸送する場合はコスト面などで有利です。しかし、他の輸送機関と比べると船の速度は遅いため、時間がかかるのが弱点です。

国内航空貨物はスピードという点では他の輸送機関を凌駕しています。しかし、他の輸送機関と比較すると運賃が高く、またキャパシティも限られるという弱点があります。そのため小さな容量（体積）で、運賃負担力のある高付加価値な荷物で、かつ急いで運ぶ必要のある荷物の輸送には適しています。つまり運賃よりもスピード重視の荷物に限られますので、国内航空を利用する荷物の絶対量は多くありません。

ドア・ツー・ドアはトラックだけ

一方、どれだけの荷物をどれだけの距離運んだか、という見方があります。重量と距離を掛けた数値でトンキロといいます。このトンキロを見ますと輸送機関別の特徴がさらに分かります。

ＮＸ総研の「２０２２年度の経済と貨物輸送の見通し（２０２２年７月）」で、２０２０年度に１ｔの荷物を輸送した平均距離を輸送機関別に見ますと以下のようになっています。

輸送機関計		93km
鉄道		469km
自動車	営業用	73km
	自家用	21km
内航海運		503km
国内航空		1084km

ここからもそれぞれの輸送機関の特徴が分かると思います。鉄道、内航海運、国内航空は幹線の長距離輸送に向いています。

しかし、鉄道、内航海運、国内航空のいずれも単独ではドア・ツー・ドアの輸送ができない、という問題があります。荷物を出荷するところから、出発点の駅や港や空港まではトラックで運ぶことになります。また到着点の駅や港や空港からも、荷物を届けるところまではやはりトラック輸送になります。つまり鉄道や内航海運、国内航空は長距離の幹線輸送の部分は担えても、両端のドア・ツー・ドアの部分はトラック輸送が必要なのです。

それに対して自動車輸送は国内貨物輸送量（重量ベース）の90％強を担っています。そのうち営業用トラックは60％強、自家用トラックが30％強です。

このように鉄道、内航海運、国内航空は幹線輸送部分の一部は担えても、末端への輸配送はできません。トラック輸送を除くと過疎化が進む地域をカバーするための柔軟性を有していないのです。

このように見ていきますと、「物流危機」を乗り越えるための方策は、トラック輸送を中軸に据えて他の輸送機関を上手に組み合わせるといったことを考えなければならないのです。トラック輸送を中心に物流の仕組みをどのように変えていくかを考える必要があります。

3 国内貨物量は減少しても営業用トラックの輸送量は増加

営業用トラックと自家用トラックの違い

2021年6月28日午後に千葉県八街市で下校途中の小学生の列にトラックが突っ込み、2人が死亡、3人が大けがをする悲惨な事故が起きました。事故を起こした運転手は途中のコンビニで購入した酒を昼食時に車内で飲んで運転していたようです。

この運転手が運転していたのは運送会社のトラックではありません。白ナンバーすなわち自家用トラックです。国土交通省から事業許可を得て有償（運賃を得て）で運送をする事業用トラックの緑ナンバーではないのですが、一般の人には自家用（白ナンバー）トラックと営業用（緑ナンバー）トラックの違いが分かりづらく、ほとんどの人は区分していないのが実態でしょう。

分かりやすい例を挙げれば「白タク」です。タクシーは緑色のナンバープレートに白い文字で数字などが書かれています。自家用車は白いプレートに緑色で数字などが書かれています。この自家用車で運賃を取って乗客を運ぶ行為は、いわゆる「白タク」で違法行為ですから罰せられます。「白タク」が摘発されたりしますとニュースになりますからご存じの方が多いと思います。白ナンバーのトラックによる有償行為も同じように違法なのです。

しかし、白タクなら知っているが、白トラは知らなかったという人は結構多いのです。そのため、「事故を起こした会社と同じような目で見られ迷惑している」という運送会社の人もいました。

この飲酒運転の事故では営業用と自家用トラックを混同させるような理由もありました。事故を起こした運転手の勤めている会社が「南武運送」という法人名になっていたからです。さらに親会社の代表取締役社長名で出したコメントで「弊社運送子会社の従業員があるまじき飲酒運転で交通事故を起こし……」としていたのも運送会社と誤解させる要因になりました。マスコミでも「運送会社のドライバーが飲酒運転」といった報道が多く見られました。

運送事業者には道路交通法（道交法）と貨物自動車運送事業法（事業法）が適用されます。道交法は警察庁（公安委員会）、事業法は国交省の所管です。それに対して自家用トラックは道交法だけが適用されます。

そして運送事業者は事業用トラックの運行の安全確保のため、運行管理者資格者証の交付を受けている者のうちから「運行管理者」を選任しなければなりません（29台まで1人以上、30台以上は30台ごとに1人を追加)。なお、貨物軽自動車運送事業者は「運行管理責任者」を置きますが運行管理者の資格はいりません。

一方、自家用トラックでは(ここでは自家用バスを除きます)、5台以上(自動二輪車は1台で0・5台換算)の使用者は、内閣府令で定める要件を備える者のうちから、「安全運転管理者」を選任しなければなりません(20台以上の自家用自動車を使用している事業所は、20台以上20台ごとに副安全運転管理者を置きます。自動車運転代行業者は10台以上10台ごとに1人です)。

運行管理者(営業用トラック)も安全運転管理者(自家用トラック)も安全管理などのために果たさなければならない業務があります。詳細は省きますが、営業用トラックの場合には乗務前点呼、乗務後点呼、中間点呼と厳しく管理や指導、監督をしなければなりません。酒気帯びの有無のチェックもあり、営業用トラックではアルコール検知器の使用が義務づけられています。しかし、自家用では八街の事故が起きた時点では、飲酒の有無を確認しますがアルコール検知器は義務づけられていなかったのです。2022年5月から義務づけになりました(アルコール検知器が不足していて実施が延期になっています)。

このように営業用トラック各社は飲酒運転をなくす取り組みをしています。その結果、2010年から2019年の10年間で事業用トラックの飲酒運転件数は137件から96件に減少しました。飲酒運転による事故件数も34件から28件に減少しています(警察庁「交通事故統計」および交通事故総合分析センター「交通統計」)。

ますます営業用トラック輸送への依存度が高まる

営業用トラックと自家用トラックの違いを見ました。人口減少に伴って国内貨物輸送量の減少が予想されますが、そのような中で自家用トラックから営業用トラックへの荷物のシフトが進み、営業用トラックについては今後とも輸送量が増加すると予測されています。

先述のようにＪＩＬＳの「ロジスティクスコンセプト２０３０」では、２０２０年の国内輸送量47・8億ｔから２０３０年には45・9億ｔに、約４％減少すると試算していました。営業用貨物自動車については増加すると予測しています。

「ロジスティクスコンセプト２０３０」によりますと、２０２０年の営業用トラックの輸送量は30・5億ｔですが、２０３０年には31・7億ｔで約４％増加すると試算しています。国内の総輸送量が減少する中でも営業用トラックの輸送量は増加するという予測なのです。

その理由としてＪＩＬＳでは、「自動車全体の輸送分担率は9割で頭打ちとなるものの、自営転換は継続すると見做し、営業用貨物自動車の輸送分担率の将来推計」を行ったと説明しています。

重複しますが、ＪＩＬＳの予測はコロナの影響が出る前の各種データをもとにしています。そのためコロナ後とは予測値に違いがあるのは仕方がありませんが、今後の国内貨物輸送の傾向を見るには問題ないと思います。つまり、貨物輸送量は全体として減少しても、その中における営業用トラックのシェアは高まる、というのがトレンドです。ＮＸ総研の「２０２２年度の経済と貨物輸送の見通し（２０２2年10月）」でも２０２２年度は営業用トラックと国内航空だけが前年度比プラスとなっています。

なぜ、全体的には輸送量が減少する中で、自家用トラックから営業用トラックへの転換が進むと予測されるのでしょうか。

それは営業用トラックと自家用トラックの輸送効率の違いです。

自動車検査登録情報協会の「形状別自動車保有車両数」によりますと、２０１９年度の自家用トラックの車両数は６２１万１５９１台（軽自動車を含まない）、営業用トラックは１４８万２３６４台（同）です。約８対２の割合で自家用トラックが圧倒的に多いことになります。

一方、国土交通省の資料によりますと２０２１年度の営業用トラックと自家用トラックの輸送トン数の分担比率は、営業用トラックが61・２％で、自家用トラックは30・２％となっています。

また輸送トン数に何km運んだかという距離を乗じた輸送トンキロで分担率を見ますと、営業用トラックが87・１％、自家用トラックが12・９％と圧倒的な差があります。その他、実働１日１車当たり走行キロ、トン当たり平均輸送キロ、実働１日１車当たり輸送トンキロなど、あらゆる指標で見ましても営業用トラックは自家用トラックより効率性が高いという結果が出ています。

営業用トラックの効率性

営業用トラックの優位性をもう少し見ましょう。前述のように重量ベースで見た国内貨物輸送量の約9割をトラックが担っていますが、そのうち営業用トラックは国内貨物輸送量の約6割を運んでいて、自家用トラックは約3割となっています。それに対して車両数を見ますと、自家用トラックが8割強を占め、営業用トラックは2割弱に過ぎません。

車両の大きさなどを見ますと自家用トラックは小型車などが圧倒的に多く、営業用トラックはトレーラなどが多くなっています。しかし、トラック台数では80％強を占める自家用トラックの国内貨物輸送量は約3割なのに対して、トラック台数では20％弱に過ぎない営業用トラックが約6割を担っているのです。これだけでも営業用トラックが自家用トラックよりも輸送効率が良いことが分かるでしょう。

事実、国土交通省の資料で2019年度における営業用トラックと自家用トラックの輸送効率比較を見ますと、以下のようにその差が歴然としています。

実働1日1車当たり走行キロ
- 営業用トラック　193・65km
- 自家用トラック　142・01km

トン当たり平均輸送キロ
- 営業用トラック　61・31km

実働1日1車当たり輸送トンキロ

自家用トラック	21・53km
営業用トラック	605・50トンキロ
自家用トラック	64・36トンキロ

この中で「輸送トンキロ」という単位は一般の方には馴染みが薄いかもしれません。輸送トンキロというのは、何トンの荷物を何km運んだかを表すもので重量×距離で算出します。また、1日1車当たり走行キロや、トン当たり平均輸送キロの比較からも分かるように、自家用トラックは営業用トラックに比べて輸送効率が劣っています。

自家用トラックは運賃を収受して他人の荷物を運ぶことが法律上できません。つまり自分の荷物を自分で運ぶだけなので、営業用トラックに比べて輸送効率が劣るのです。

次章で見ますように自社の荷物を営業用トラックに委託して運んでいる荷主企業でも、国内市場の縮小に伴って荷物量が減少してくればコストが漸増してきます。そのため物流の共同化など物流の仕組みの抜本的な改革を進めています。まして自家用トラックで自社の荷物を運んでいるだけでは、現在でも輸送効率が低いのに、今後、市場が縮小して運ぶ荷物が減少してくれば、ますます非効率になってきます。

このようなことから国内市場の縮小に伴って自家用トラックから営業用トラックへのシフトが進みま

す。国内貨物輸送量が減少してトラック輸送全体は減少しても、自家用トラックから営業用トラックへのシフトが予想されますので、営業用トラックだけを見れば輸送量が増加することが予測されるのです。

このようなことから「物流危機」を乗り越えるためには、営業用トラック輸送を主軸に据えて新しい仕組みを考えることが必要になるのです。

国交省では2023年度中に総合政策局の物流政策課等の物流関連部署を自動車局に移管する予定です。これは、今後の持続可能な物流は営業用トラックを中心に構築していくことが必要という認識と理解してよいでしょう。

自家用トラックの有償での「有効活用」は非現実的

このように国内貨物輸送量が減少しても、営業用トラックの輸送量は増加すると予想されています。後述しますが、そのためにドライバー不足は今後も続くだろうと思われます。さらにネット通販の拡大によって、重量の割に人手がかかるラストワンマイル（宅配）が増えてくることも、ドライバー不足に拍車がかかると懸念される理由になっています。

このドライバー不足を逆手に取って、自家用ナンバートラック（白トラ）による有償運送の拡大も考えるべきだ、という意見もあります。

自家用トラックの有償行為に関する代表的なものは、経済同友会が2020年6月10日に発表した「物流クライシスからの脱却～持続可能な物流の実現～」です。その中で「自家用トラックの活用に係わる規制改革」を提言しているのです。

同提言では、わが国の物流の現状に対する4つの施策として、①既存の営業用トラックの生産性向上、②自家用トラックの活用に係わる規制改革、③大型自動車運転免許を有する女性と外国人ドライバーの活用、④国家戦略としての機関設立・人材育成を挙げています。

このうち②の自家用トラックの活用では、国内のトラックの8割強を占めている自家用トラックは、営業用トラックに比べて稼働効率が低い点に着目しています。稼働率が低いのだから「自家用トラックの余裕時間を有効活用すべき」としているのです。

具体的には「①公平性の観点から、有償運送による輸送量が本業の輸送量を超過しない場合、②安全性の観点から、実運送事業者の管理下において自家用トラックを活用する場合、③万が一、重大な事故の発生可能性が予見された場合・発生してしまった場合には国土交通省が監査を行うこと、と条件を定めたうえで、自家用トラックによる有償運送を認めるべきである」としています。

しかし、この提言は非現実的といわなければなりません。自家用トラックの稼働率がなぜ低いのかを考えれば答えは明瞭です。

自家用トラックは自社の荷物を運ぶものです。毎日、フルに稼働している自家用トラックもあります。これは「自社物流」で、社員の中に運送業務を専門に担当する専任のドライバーがいます。このようにドライバーを専門にしている社員がいる会社なら、自家用トラックでも営業用トラックと同じように輸送効率が良いはずです。そうでなければ自家用トラックを保有している意味がないからです。

しかし、ほとんどの自家用トラックはフルに稼働しているわけではなく、ドライバー専門の担当社員もいません。自家用トラックを運転する社員は、ドライバー専門ではなく、本来の仕事は別にあります。たとえば1週間に2回だけトラックで荷物を運ぶとか、1日のうちの数時間だけ運ぶというケースが圧倒的です。では、空いた時間にその人たちは何をしているのでしょうか。

実は、そのように考えるのは逆なのです。本来は製造業なら製造ラインなどで働き、流通業なら販売などの業務が「ドライバー」の人たちの本業なのです。本業の空いた時間にトラックに乗務しているのです。だからトラックの稼働率も低いのです。

すると、トラックが稼働していない時間がたくさんありますが、その時間に「ドライバー」の人たちは本業に従事しているのです。つまり、トラックの稼働状況には余裕があっても、有償でそのトラックを運転する人はいないことになります。

製造業や流通業、その他の仕事についている人で自分たちが製造した製品や、販売する商品などを自分たちで納品先に届けている人たちなのです。したがって、このような人たちが現在の仕事を辞めて営業用トラックのドライバーに転職しない限り、自家用トラックの有償行為はドライバー不足の切り札にはなりません。

ドライバー不足を理由に自家用トラックの有償行為を認めるようにという提言は、ドライバーがいないためにそのトラックを動かせないという、実に皮肉な結果になるのです。

ただし、このような自家用トラックの有償運送行為の是非には関わらず、いずれにしても生産性の低いトラック運送事業者は、絶えず生産性向上に努めなければいけないことだけは明らかです。

これからの日本の物流を考えることはトラック輸送の在り方を考えること

このように見てきますと、繰り返しになりますが、これからの日本の物流を考えることは、営業用トラック輸送の在り方を考えることになってくるのです。

つまり、人口減少が続いて過疎化が進んだ地域に食料品や衣料品、日用雑貨などの消費財を運ぶのも、ネット通販で購入した商品を届けるのも、トラック輸送の在り方を考えなければ解決しません。

しかも人口減少と同時に人口の偏在化が進みますと、輸配送業務における密度の濃淡がさらに拡大します。人口の少ないエリアではますます輸配送効率が低下してしまいます。しかし、人口の少ないエリアも含めて、全国どこでも同じように物流サービスが提供できるような仕組みを考えて導入しなければなりません。これは、新しい日本の社会の在り方とも関連してきます。新しい日本の社会の機能を維持し、経済と暮らしを支えることを可能にするための物流ネットワークです。

そうなると荷物を出す人、受け取る人という直接の当事者だけではなく社会全体が一緒になってこれからの物流の在り方を考えていかなければならないのです。

つまり国内市場の縮小による「物流危機」を乗り越えるには従来の物流の延長ではなく、抜本的な仕組みの転換が必要になります。物流事業者や発着荷主、サプライチェーン全体、関係省庁などの行政機関、さらには国民の人たちも含めて、物流に対する認識の転換が必要になっています。

トラック運送業界の「２０２４年問題」なども、そのような中で解決策を考えていくことが必要なのです。

4 人口減少による国内市場の縮小が「物流危機」の本質

多くの企業は市場が縮小するとこれまでの物流の仕組みでは行き詰まる

日本人の人口減少に伴い、食品や飲料水、日用雑貨、衣料品などの消費財の国内需要が減少することは明らかです。同時に高齢化が進行しています。

たとえば食料品について見ましょう。一般論として高齢者は若い人よりも食べる量が少ないです。それに対して日用雑貨などの商品の一部では、若い人より高齢者の方が消費する量が多いものもあるでしょう。たとえば紙おむつなどは、出生人数が少なくなって赤ちゃんのおむつの需要が減ったとしても、逆に一定の期間は高齢者の需要が増えることがあるかもしれません。

このように、個々の商品を見ますとそれぞれの商品特性によって異なりますが、全体として消費関連貨物の国内輸送量は日本人の人口減少とともに減るだろうと推測されます。

すると、国内市場を対象に事業をしている製造業や流通業では、国内市場の縮小がストレートに売上減少につながってきます。国際市場は別ですが、国内市場だけを見ますとシェアを拡大する以外にありません。これまで他社が占めていた売上を奪わない限り売上の減少は必至です。

そのためには、いうまでもなく国内市場向けの商品開発や販売戦略が重要です。ここでは物流の面だけを見ますが、これまでの物流の仕組みをそのまま続けていたのでは、販売量の減少は商品1個当たりが負担する物流コストを高くすることになります。それではコスト的に行き詰まってしまいます。

分かりやすいたとえをするならば、走れば走るほど赤字が増えるというローカル鉄道と同じです。あるいは路線バスも同様です。乗客が減少すれば、運行コストの方が高くなってしまいます。トラック輸送も同じ原理です。トラック運送事業者は運ぶ荷物が少なくなれば運賃収入が減少しますから、採算が取れなくなってしまいます。それでも採算をとるには運賃を値上げするしかありませんが、それに伴って製造業や流通業の会社では商品の販売価格をどこまでも上げるわけにはいきませんので、コスト的に行き詰まってしまいます。

まさに物流危機の本質はここにあるのです。

そこで製造業や流通業の荷主企業は抜本的な物流システムの改革を余儀なくされています。たとえば同業種間での物流共同化では「九州物流研究会」のようなケースもあります。２０２２年8月に発足を発表した同研究会は、九州の小売業13社（発足時）が共同して物流の課題解決に向けて取り組もう、というものです。市場では競合する小売業同士でも物流の諸課題の解決には力を合わせようという試みで、小売業の立場から営業用トラックのドライバー不足や、長時間労働の改善（２０２４年問題）などに向けて共同で取り組んでいこうという試みです。

このように物流の仕組み自体を変えなければ物流危機を解決することはできません。そして、物流システム改革の有力な方策の一つが物流の共同化です。物流共同化には同業者間の物流共同化と異業種間の物流共同化があります。

異業種間、同業種間で物流共同化を進める

異業種間の物流共同化は、お互いの商品特性の違いを活かした組み合わせによって物流リソースを効率的に利用する、ということになります。

たとえば重量はあっても容積は小さな商品と、軽量でもかさばる商品の積み合わせによって積載効率を向上するというケースがあります。あるいは、午前中の配送が主な商品と、午後の配送が主な商品を組み合わせて1日のトラックの稼働を平準化して、効率向上を図るという組み合わせもあります。

前者は異なる業種の商品を同時に積み合わせるので「同一空間の積み合わせ」です。それに対して後

者は「異時間帯の積み合わせ」ということがいえます。その他、様々な荷物の組み合わせを考えることができます。

異業種間の物流共同化で「異色」なケースの一つとして、読売新聞とマクドナルドの組み合わせがあります。両社の共同輸送は２０１９年6月に国土交通省、農林水産省、経済産業省から総合効率化計画の認定を得て始まりました。

物流総合効率化法（物効法）に認定されたのは日本マクドナルド、読売新聞グループ本社、永尾運送、ＨＡＶＩサプライチェーン・ソリューションズ・ジャパンの4社による「食塩と新聞の共同輸送」です。国交省だけではなく農水省と経産省を含めた3省による認定は初めてのケースでした。共同輸送するのは新聞（夕刊）と食塩（約半年後には紅茶のティーパックやジャムなども追加）です。

ＨＡＶＩはマクドナルドの食材や資材などを取り扱い、発注やデポ運営などをしている会社です。したがって読売新聞（夕刊）と共同輸送するのはマクドナルドの店舗でポテトなどに使う食塩ですが、運ぶのはＨＡＶＩのデポ間ということになります。

新聞と食塩という異質の積合せで、「印刷物の場合にはインクの匂いなどが懸念されますが、荷姿としては段ボール箱に入った塩なので、さほど問題にはならなかった」ということです。

取材時点（２０１９年9月）で見ますと、夕刊を運ぶ車両（２ｔ車）は10時30分に大阪府摂津市の車庫を出発し、11時30分に大阪市大正区で食塩を積みます。その後、12時に大阪市北区の印刷所に着いてドライバーが休憩をとり、13時30分に夕刊の積込みを開始します。そして兵庫県西宮市の新聞販売所に夕刊を届け、16時に神戸市の食塩倉庫に食塩を届けて車庫に戻るというパターンです。

従来は食塩輸送を別の事業者が行っていました。当該デポ間の輸送だけで、年間に4t車約230台で運んでいました。その分の輸送がなくなり、今度は2t車換算で年間約450台相当になります。また混載なので1台当たりの輸送量が減るために輸送回数は多くなりますが、CO_2排出削減量は約1・1t／年が見込まれます。

その後、読売新聞とマクドナルドは物流共同化の取り組みを様々に進めています。また、その他の様々な異業種間での物流共同化が進みつつあります。

異業種間の物流共同化の例では、製紙メーカーと飲料メーカーの組み合わせもあります。たとえば大王製紙とサントリーが2022年8月から始めた物流共同化の場合を見ますと、直接的にはダイオーロジスティクスとサントリーロジスティクスという物流子会社同士ですが、飲料製品は重量が重いため積載重量制限の関係で積載スペースがあってもそれ以上積めない、といったことがありました。そこでトレーラ上部の空きスペースに大王製紙の製品を積載し、積載率を100％にしても全体として重量オーバーしないようにバランスをとった混載をすることで効率化を図る、というものです。

これによって両社が運行するトラックは年間176台少なくでき、CO_2排出量も115t削減できるとしています。

一方、同業種間の物流共同化の場合には、「物流では手を結び、商品で競争する」が合言葉になっています。

ある業種のメーカー同士で進めている物流共同化では、製品（商品）の物流共同化を検討していますが、原材料の調達物流の共同化は対象にしていないケースがあります。商品は共同化しないと物流コスト増に耐えられなくなりますが、原材料は原料配合の比率など商品製造のノウハウに関わるかもしれませんので当面は共同化が俎上に上っていない、ということのようです。まさに「物流では手を結び、商品で競争する」という姿勢を顕著に表しているといえます。

同業種間の物流共同化で先行しているのが加工食品業界です。なかでも代表的なのは味の素、カゴメ、ハウス食品グループ本社、日清フーズ、日清オイリオグループ、ミツカンの6社による物流の共同化です。

この6社は2015年からプロジェクトを立ち上げ、2016年には北海道で、2019年からは九州で共同配送をスタートしています。併行して拠点間の幹線輸送の共同化も進めてきました。

物流共同化は必然的に規格の統一化を促す

物流を共同化して効率性を向上するには規格の統一も大きな課題です。加工食品メーカー6社ではこの間、伝票の統一、庭先条件の統一（荷物を受け取る側の条件統一）、標準化KPI（重要業績評価指標）などを進めてきました。また、北関東から北海道への共同幹線輸送でも4社で取り組み、バラ積みバラ卸からパレット化も推進してきました。

さらに製配販の課題解決のために2016年からは先の6社にキユーピー、キッコーマン食品も加わって食品物流未来推進会議（SBM会議）を発足しました。SBM会議では外箱表示統一化、賞味期限「年月」表示化と2分の1ルール、フォークリフトの安全確保、リードタイム延長、付帯作業や長時間待機などのテーマに取り組んできました。

そのような流れの中で、2019年4月には味の素、ハウス食品グループ本社、カゴメ、日清製粉ウエルナ、日清オイリオグループの出資によりF－LINEがスタートしました。F－LINEは味の素物流、カゴメ物流サービス、ハウス物流サービス（事業の一部）の物流子会社3社が味の素物流を存続会社として統合されたものです。

このF－LINEの発足は、同業種による物流共同化を象徴するようなケースといえます。

そのほかにも、行政も加わってパレットの標準化をはじめ、物流規格の統一化に向けた取り組みが進められています。これは物流共同化を進めるには、パレットの大きさや段ボールのサイズ、その他、物流に関わる規格の統一化が必然的に必要になるからです。

このように規格の統一化も含めて同業種間や異業種間における物流共同化が進められています。

それに伴いまして、貨物の絶対量の減少によるトラック台数の減少に加え、物流共同化による効率化効果としても必要とされるトラック台数は減少してきます。

コモディティ化した商品のリニューアルにも物流面から注目

さらに国内貨物輸送量の減少をいっそう推進する可能性があるのは、コモディティ化した商品に対するメーカーの商品開発戦略です。

2019年にある連載コラムに「ボックスティッシュが店頭から消える日」というタイトルの記事を書いたら大きな反応がありました。後から聞いたのですが、その記事をコピーして幹部に読ませ、会議の時の感想を述べさせた、という経営者もいました。

それはともかく、店頭から消えるかもしれないのは、正確には「現在のティッシュペーパーのボックス型ティッシュ」です。現在のボックスティッシュはスーパーの店頭で5箱あるいは6箱で250円程度で売られています。２０２２年に入ってからのエネルギーコスト上昇や原料高騰などで、今後は全商品が値上がりするかもしれませんが、当該のコラム原稿を書いた２０１９年くらいのティッシュペーパーの値段と考えてください。いずれにしてもボックスティッシュはポケットティッシュと比べますと体積、容量と販売価格などから比較して、物流コストが割高なのは明らかです。

しかし、最近は「高級ティッシュ」が増えてきました。普通のティッシュペーパーと比べますと、ウエットタイプでソフトです。風邪をひいて何度も立て続けに鼻水をかんだりしても、皮膚がヒリヒリしづらいので使いやすいです。スーパーの売り場面積などを見ると、この高級ティッシュのシェアが少しずつ高まってきているのが分かります。

高級ティッシュは普通のティッシュより値段が1割以上高いです。いずれ高級ティッシュが普通のティッシュを駆逐してスタンダードになってくれば、競争原理が働いて現在よりは相対的に値段が下がるでしょう。それでも普通のティッシュより1割は高い水準にとどまると仮定しましょう。

日本人の人口減少が進んで、現在より人口が1割少なくなるとします。それに比例してボックスティッシュペーパーの消費量も1割少なくなります。しかし、その時点までに普通のボックスティッシュペーパーの製造を止めて、高級ティッシュペーパーにすべて入れ替えてしまえば、メーカーや小売りにとっては、販売量は1割少なくなっても、金額ベースでは現在と同じ規模が維持できることになります。

一方、それを物流の面から見ますと、輸送量が現在より1割減少することになるわけです。たとえば大型トラック10台で運んでいたものが、9台で足りてしまうことになります。

もっと極端なのは飲料水です。飲料水の中で普通のボックスティッシュペーパーと同様に収益性が低いのは2リットルのペットボトルです。たとえば緑茶系のペットボトルとしましょう。スーパーの店頭では2リットルのペットボトルが150円前後で売られています。特売日ならもう少し安くなります。ところが4分の1の容量の500ミリリットルのペットボトルが、自動販売機では130円ぐらいで売られています。

これらの値段は当稿執筆時点のものですから、当著が刊行される頃には飲料水全体が値上がりしているかもしれません。しかし、500ミリリットルのペットボトルと比較して2リットルのペットボトルが製造、販売する側からしますといかに収益性が低いかという論旨からは問題ないでしょう。当然、物流コストも販売価格との関係では割高になっています。それをカバーしているのが、トラック運送事業者の割安運賃なのです。

ところが2019年春から「濃縮麦茶」の発売を始めた飲料メーカーがありました。現在では他の飲料メーカーも濃縮タイプのいろいろな商品を販売しています。

濃縮タイプの飲料水は缶入りです。メーカーによって異なりますが、容量は1本180グラム~200グラムです。この濃縮飲料を顧客の好みに応じて1リットルから2リットルの間に薄めて飲んでください、となっています。

もし、顧客の全員が2リットルに薄めて飲んだとしますと、消費量が同じとすれば2リットルのペットボトルと濃縮缶の販売量はトレードオフの関係になり、販売数は変わらないことになります。そこで比重が同じと仮定して200グラムイコール200ミリリットルとしますと、物流面から見ると単純に輸送量が10分の1になってしまうわけです。つまり10t車10台で運んでいたものが、1台で運べることになります。

ところが、すべての顧客が1リットルに薄めて飲んだとしたら、2リットルのペットボトルの2倍の本数が売れることになります。そうすれば日本人の人口が1割減少し、それに伴って飲料水の消費量が1割減ったとしましても、十分におつりがくるというわけです。しかし、その場合でも物流面から見ますと輸送量は従来の5分の1に減少します。

このように見てきますと、必要とされるトラックの台数は、輸送貨物の絶対量、共同化などによる効率化効果、コモディティ化した商品開発の変化によって、三重に減少することになります。

物流は企業の「事業基盤」から社会の「産業基盤」に転換

このように国内の市場が縮小する中で、製造業や流通業の企業の対応策の一つである物流の共同化は、企業における物流の位置づけを大きく変えることになります。それに伴って物流に対する社会的な位置づけも変化してきます。

これまで物流は個々の企業にとって、自社にとっての重要な事業基盤でした。そのため他社より優れた独自の物流システムを構築することが、競合他社に対する差別化になっていたのです。だから競って自社にとって効率的な物流システムの構築に努力してきました。当然ですが、各社それぞれのオーダーメイドの物流システムということになります。

しかし、国内市場の縮小が進んできますと、あるいは今後ますます国内市場の縮小が進展してきますと、オーダーメイドの物流システムでは販売シェアを拡大しない限り商品1個が負担するコストが漸増します。

そのため同業者同士がそれぞれオーダーメイドの物流システムで競争し合っていたのでは、お互いに収益性を悪化させるだけです。共倒れになる前に、競合する企業同士でも物流に関しては共同化した方がお互いに有益だという認識ができてきました。このように国内市場の縮小に伴って、異業種間だけではなく同業種間でも物流というリソースをシェアして共同利用するようになりつつあるのです。

つまり個別最適の追求から全体最適を志向するようになってきました。それに伴って物流は個々の企業の事業基盤から、社会的な産業基盤という性格に転換することになります。より公共性のあるインフラになってくるのです。

これは物流の社会的な位置づけが、より社会性、公共性の強い産業という存在になってくることを意味しています。物流事業者にとっては喜ぶべきことでしょう。

後述しますが、多くの物流事業者とりわけトラック運送事業者は、これまでほとんど特定の取引先に対してオーダーメイドのサービスを提供してきました。これからは複数の取引先を対象にパターンメイドのサービスが提供できるようにならなければなりません。

それはともかく、物流が個々の企業にとっての事業基盤から、競合企業間でも物流リソースをシェアするような産業基盤という性格に変化してきますと、どのような現象が起きてくるでしょうか。

率直にいえば、親会社やグループへの売上依存度が過度に高く、親会社やグループに経営を依存している物流子会社は存在価値が低下してしまう、ということです。

もちろん「外販比率」が高い、つまり親会社以外の企業からの売上比率の高い物流子会社は別です。このような物流子会社は資本関係などを別として、立派な独立した物流企業の一社としての存在意義があるからです。

しかし、親会社やグループへの売上依存度が過度に高い物流子会社は、物流が事業基盤だった時代には親会社にそれなりの貢献をして役割を果たしていたかもしれませんが、物流が産業基盤という社会性、公共性を持った性格に転換すると存在意義がなくなってしまいます。親会社への依存度が高い物流子会社でも、個別最適を求めた時代は存在意義がありましたが、全体最適を追求するようになりますと、むしろ阻害要因の一つになってしまうのです。

このような背景の中で、物流子会社に関わるM&Aが4、5年前から増えてきました。大手物流子会社が力のある物流会社に買収されるケースが出てきた理由は、物流が事業基盤から産業基盤に転換しつつある、という見方をすればよく分かります。特にコロナ禍にあって、物流子会社の譲渡が加速化してきましたが、コロナがトレンドを加速化したと理解すれば良いでしょう。

連結からは外すが、株式は33・4%持ち続けて、今後もグループの物流を担ってもらう。そのため力のある物流会社のノウハウで外販比率を高めてほしい、というのが親会社の意向です。

これは物流子会社の譲渡、譲受だけではありません。同じ親会社の傘下の物流子会社同士の合併などもそのような流れの中で見ていくと狙いが分かります。複数の物流子会社を統合して、グループの物流を総合的に担えるようにするためです。さらには、グループのベースカーゴにグループ外の企業の荷物も取り込み、物流子会社を産業基盤を支えることのできる物流会社にして、親会社の物流コスト削減だけではなく、物流そのものもグループとしてビジネスにしてしまおうとするものです。複数の企業の物流子会社同士の経営統合なども、基本的には同様です。

もちろん、物流子会社の譲渡にはそれぞれの親会社に固有の事情もあります。そしてほとんどのマスコミ報道は、親会社の固有の事情を報道しています。しかし、物流がこれからどのように変化していくのか、物流のトレンドを知るためには、物流が事業基盤から産業基盤に転換しつつある、という視点から物流子会社のM&Aや物流子会社同士の統合のニュースを理解すると良いでしょう。

一方、物流子会社を買収する物流事業者側を見る場合には、今後の競争に勝ち残っていくためにどのようなメリットがあるのかを分析しますと、その事業者の企業戦略が見えてきます。事業領域を拡大したり、事業ドメインの弱い部分を補充したりして物流サービスの総合化を図り、短時間に競争力を強化するにはM&Aという手法が有効だからです。

5 国内市場縮小とトラック輸送の変化

トラック輸送は変化する

消費関連貨物の重量ベースで見た輸送量は減少しますが、輸送の多様化が進行します。流通チャネルの変化に伴ってネット通販が拡大し、物流面ではラストマイルが多様化するでしょう。このラストマイルは、輸送重量に対して人手が多くかかるので、ドライバー不足を促進することになります。生活関連貨物の国内輸送量（重量ベース）は減少しても、必要とされるドライバー数は増加します。

さらに、経済産業省の「電子商取引に関する市場調査」によれば、２０２１年の物流が伴う物販系分野のＥＣ化率は８・78％でした。それに対して世界のＥＣ化率は19・６％（旅行やイベントのチケット、料金支払い関係、税金、送金、フードサービス、ギャンブル等を含みません）で、まだまだ物販系のネット通販は増加することが予想されます。

一方、生産関連貨物はどうでしょうか。生産関連貨物は国内生産によって左右されます。国内回帰という説もあります。しかし、これも一般論になりますが、生産年齢人口の減少に伴って働き手の確保が困難になりますと、労働市場の需給関係から人件費の高騰が予測されます。すると高付加価値の商品や、製造ノウハウの流出を防ぎたい商品などを除けば、生産拠点の海外へのシフトが続くものと思われます。そうなれば国内における生産関連貨物の輸送量も減少します。

それに対して公共投資に負うところが大きい建設関連貨物はどうでしょう。民間の建設投資は人口減少に伴って新築住宅着工戸数が減少します。また、工場などへの民間投資が拡大する可能性は低いです。それだけ政策的な公共投資への依存度が高まることになりますが、民需の減少を凌駕するだけの公共投資の増加は考えられないでしょう。

このように国内市場規模の縮小に伴い、国内貨物輸送量は減少が予想されるのです。

国内総輸送量は減少しても営業用トラックの輸送量は増加

国内市場の縮小による国内貨物輸送量の減少は、絶対量が減ることにほかなりません。さらに物流共同化に伴う効率化効果として、トラックの必要台数の減少が進むでしょう。

ある物流子会社が約10年前に物流の共同化に伴う効率化効果を試算したことがあります。共同化を進めるに当たっての検討資料で、あくまで内部的な試算だったのですが、大きな効率化効果を予測する数値でした。たとえば効率化効果の一つとして、現在、荷物を運んでいるトラックの台数をどれくらい減らせるかがあります。

その試算によりますと、物流共同化に参加する荷主企業各社が現状でそれぞれ個別に商品を運んでいるトラック台数より、幹線輸送では30%、エリア配送では都市近郊で17%、農村部や山間部などでは30%少ない台数でも可能という試算でした。

このうち幹線輸送はモーダルシフトも想定していましたが、鉄道も内航もキャパシティの制約があります。そのためモーダルシフトを進めるにしても限界があり、トラックの大型化を図ることを主に試算していました。また、エリア配送では地域によっては配送車両の小型化をしても先述の必要台数削減が可能という試算でした。

物流効率化は必要なトラック台数の削減だけではありません。物流センター業務のパターンメイド化を進めて複数荷主の共同物流センター化を図れば、必要となる物流センターの数や面積、作業員の人数なども少なくできます。

このように見ますと、国内貨物輸送に必要なトラック台数は三重に減少することになります。第1には日本人の人口減少に伴って消費関連貨物の絶対量が少なくなるからです。国内の貨物輸送市場の縮小です。第2は物流共同化などによる効率化効果です。荷主企業は需要量の減少に伴う商品1個当たりの物流コストの漸増を防ぐために、物流共同化など物流の仕組みを抜本的に再構築します。その効率化効果として必要とするトラック台数が少なくなります。そして第3にはコモディティ化した商品の見直しによる、新しい市場規模と市場の特性に対応した新商品の開発です。

このように日本人の人口減少に伴う国内市場の縮小は、必要なトラック台数を三重に減少することになります。しかし、先のＪＩＬＳの「ロジスティクスコンセプト２０３０」にもありましたように、営業用トラックだけについて見ますと自営転換による貨物輸送量の増加が予測されるのです。

「コモン化」が新サービスのポイント

物流は企業の事業基盤から産業基盤に転換しつつあるという視点から物流の変化を見ますと、物流事業者が勝ち残っていくための戦略も見えてきます。

特定の取引先に対するオーダーメイドシステムの物流サービスから、レディメイドシステムの物流サービスを目指すということです。もちろん特定の取引先へのオーダーメイドシステムの物流サービスがなくなるわけではありません。それだけに頼っていたのではダメという意味です。

物流リソースの共同利用という企業ニーズの変化に対応して、事業者が自ら主導権を持って物流サービスを提供したいのなら、コモン・キャリア化を図る必要があります。これまで大部分の事業者がそうだったようなコントラクト・キャリアからコモン化への転換ということになります。

とはいいましても、トラック運送業における本来のコモン・キャリアである特別積合せ（路線便や宅配便）になることを必ずしも意味してはいません。特定複数の取引先を一つの物流サービスのシステムに相乗りさせるという意味でのコモン化です。

特別積合せ（宅配便も）がレディメイドの運送サービスなら、大部分の運送事業者が提供しているのはオーダーメイドの運送サービスです。前者が不特定多数の取引先を対象にした運送サービスなら、後者は特定一社の取引先を対象にした運送サービスといえます。

その中間にあるパターンメイドの運送サービスが顧客ニーズへの対応であり、勝ち残りの戦略の一つということになります。これは運送事業には限りません。センター運営などの物流サービスにおいてもパターンメイド化を図って、同じようなフローの複数の取引先の物流業務を共同化することが、国内市場縮小に対応しようとしている企業のニーズに応えることになるのです。

パターンメイドの運送や物流業務は、一般的にオーダーメイドのサービス提供よりも収益性が高くなります。普通ならオーダーメイドは受注生産なので利益率が高いはずなのですが、運送や物流においては、①取引先の企業主導型で物流システムが考えられ、その仕様に基づいて業務を請け負うケースが多いこと、②さらに提供している業務は特別のノウハウが必要なく、ほとんどは運賃・料金の水準が唯一の「競争力」になっているケースが多いからです。

つまりオーダーメイドのサービスといっても指定された仕様通りの業務を提供しているだけです。さらに、ほとんどがコモディティ化した業務内容になっているのが実態です。そのため、荷主からするとより安い事業者への代替えが容易なのです。

このような現状から脱却するためにも、コモン（パターンメイド）化した運送サービス、コモン化した物流サービスへの進出が必要になります。そうなった時に、産業基盤の一翼を担う物流リソースとしての評価が得られるようになるでしょう。

また、トラック輸送自体も変化していきます。サプライチェーンに沿って川上、川中、川下におけるトラック輸送の変化を見ましょう。

川上輸送は幹線輸送トラックの大型化や省人化が進む

まず、メーカーからの製品出荷など川上物流です。川上物流をどのようにイメージするかですが、メーカーの工場から各地の物流拠点への横持ち輸送、あるいは工場から問屋の物流センター、大型量販店の物流センターへの直接納品などを想定しています。いずれにしましても工場など1カ所から大量に特定の輸送先に長距離を運ぶような輸送です。

基本的には1カ所で積んだ1台分の荷物を、1カ所に運ぶというイメージになります。だが、この拠点間の長距離輸送でも、最近は中ロット化が進んでいます。

たとえば求車・求荷マッチング・サービスのシステムを運営している大手事業者の成約件数を見ますと、1台のトラック単位の荷物ではなく複数荷物の積合せが20％近くにまでなってきているといいます。今後、この流れはより強まってくるものと思われます。ここで、求車・求荷マッチングについて簡単に説明しておきますと、運んでもらいたい荷物のある企業と、運ぶ荷物を探しているトラック運送会社がＷｅｂ上でマッチングするシステムのことをいいます。

このように拠点間幹線輸送もこれからは部分的には共同輸送化、混載化が進んでくるでしょう。しかし、共同（混載）輸送は増加しても、拠点間輸送では1企業の荷物を単独で輸送する単独輸送がまだ続きます。

そして、この川上の拠点間輸送では、ドライバーの労働時間短縮などの関係から、トラック輸送から他の輸送モードへのシフトも進むでしょう。とはいっても、モーダルシフトには限界があります。先に見ましたように鉄道輸送の場合には、旅客輸送が貨物輸送より優先されますので、レール使用上の制約があります。また、ＲＯＲＯ船や内航船などの海上輸送も、輸送キャパシティが限られます。さらに、鉄道輸送にしても海上輸送にしても、発着時間の問題やリードタイムなど時間的な課題があります。一方、国内航空貨物輸送の場合には運賃が大きなネックです。付加価値の高い荷物で、運賃負担力がないと航空便は使えません。また、荷物のボリュームの制約もあります。貨物専用機を除きますと、普通の航空機ではあまり大きなものや、一度に大量に運ぶことは難しいです。

さらに、鉄道、船舶、航空ではいずれも、発荷地から駅・港・空港まで、駅・港・空港から着荷地まではトラック輸送になります。鉄道、船舶、航空は幹線輸送の部分だけで、発着の両端ではトラック輸送が不可欠です。そのようなことから、重量ベースの国内貨物輸送量の輸送トン数で見ますと、拠点間の長距離幹線輸送の主役は今後もトラックにならざるを得ません。

それでは、トラックによる長距離輸送はどのようになるのでしょうか。

中長期的には、車両は単車の大型化、トレーラ化、連結運行などになってきます。さらに将来的には、拠点間輸送においては可能な部分から自動運転になってくるでしょう。自動運転による連結輸送です。

自動運転による連結輸送は、省人化された大量輸送です。その場合、1企業単独の荷物の省人化した大量輸送が主であっても、国内市場の縮小が続く中では共同輸送化が徐々に増えてくるものと思われます。

川中輸送は輸送・配送の共同化が進む

それに対して川中物流では物流の共同化が進むでしょう。川中をどのようにイメージするかですが、問屋から小売の物流センター、物流センターから各店舗への配送などを想定しています。

そもそも川上のメーカー物流は、そのメーカーが製造している製品だけの輸送のため、取り扱う荷物の種類は限られます。しかし、拠点間輸送なのでロットがまとまります（一部では中ロット化しつつあります）。

それに対して川中物流では様々なメーカーの商品を積み合わせて運ぶようになります。問屋も一つのメーカーの商品だけを扱っているケースは少なく、複数のメーカーの商品を取り扱っています。また、小売店も一つのメーカーの商品だけを販売しているわけではありませんから、川中物流では必然的に積み合わせ輸送になります。

さらに、たとえば食品や雑貨を販売している小売店でも週刊誌などを取り扱うようになっていますので、食品や雑貨の問屋と雑誌の取次店が店舗配送で共同化する、といった傾向が強まってきます。さらに、同じ小売店の店舗に別々に納品していた商品をまとめて共同配送にするようなケースが増えてくるでしょう。同じ納品先に納品される様々なカテゴリーの商品の共同配送です。

コンビニ大手3社は2020年8月に東京の湾岸エリアの店舗で共同配送の実証実験を行いました。

さらに2022年2月からは北海道の函館エリアで共同配送の実証実験を行いました。北海道の場合にはセイコーマートが高いシェアを持っていますので、コンビニ大手3社といえども他の地域とは少し事情が異なるでしょうが、いずれにしましても各社がバラバラで配送していては非効率な山間部などにある店舗への共同配送は現実的になってくるでしょう。人口減少と人口の偏在化で過疎化が進む地域では、店舗間の距離も長いですし、販売金額も少ないために1度に納品される商品の量が少ないので、各社バラバラで配送していては非効率です。

このように川中物流では、共同輸配送が増えてきます。

過疎地では24時間営業の見直しを含め大手コンビニの共同配送の可能性も

ここで人口減少と人口の偏在化が進むと、大手コンビニの24時間営業の見直しを伴う共同配送の可能性などについても触れておきましょう。これは今後の私たちの生活慣習にも大きく関わってくるからです。

公正取引委員会は2020年9月、「コンビニエンスストア本部と加盟店との取引等に関する実態調査報告書」を発表しました。この調査は同年1月17日から2月14日の間に実施したもので、平成以降3度目になります。コンビニエンスストア（ＣＶ）の大手８チェーンの本部などを対象にヒアリングを行うとともに、加盟店５万７５２４店へのＷｅｂアンケートを実施して、１万２０９３店（８４２３オーナー）から回答を得たものです。

調査報告書のうち「年中無休・24時間営業」に関わる概要は以下のようです。

オーナーが時短営業を希望する背景としては、77・１％の店舗が深夜帯（22時〜翌日５時）は赤字で、93・５％の店舗が人手不足を感じています。このようなことから62・７％のオーナーが現在の業務時間について「どちらかといえば辛い」、「非常に辛い」と回答しています。深夜営業の収支状況を時間帯別に見ますと、33・０％が３時台に売上が最も少なく、次が２時台の31・１％、４時台の14・０％となっています。一方、深夜の時間帯でも黒字という回答が６・４％あり、16・５％は収支トントンという回答です。

今後の意向では、「引き続き24時間営業を続けたい」という回答は約３分の１の33・２％にとどまり、「（営業時間短縮を）一度実験してみたい」32・２％、「人手不足等により一時的に時短営業に切り替えたい」18・８％、「時短営業に完全に切り替えたい（将来的にも24時間営業に戻すつもりはない）」15・８％となっています。一時的な時短営業、実験的な時短営業、完全な時短営業を合わせると66・８％にも上ります。

調査結果の全体を通して、①約77％の店舗が深夜の時間帯は赤字であり、②最も人手不足を感じる時間帯は6時台、③慢性的な人手不足をオーナーの長時間労働で補っている、といった現状が見えてきます。このようなことから、採算が取れている店舗を除けばCVの24時間営業の見直しは必然的な方向と思われます。

そこで24時間営業を見直して時短営業にする場合の課題を物流面から見ましょう。

CV店舗への配送は、商品カテゴリーによって常温商品、フローズン商品、デイリー商品の3つのパターンがあります。このうち常温商品（ドライともいいます）には、常温食品と食品以外のあらゆる商品が含まれています。

常温商品の配送は基本的に夕方から深夜の1日1回で、あるCVの場合には16時～翌日1時の時間帯の配送になっています。かりに採算の取れない深夜帯（22時～5時）を閉店にしますと、「常温の配送時間帯にも影響がでる。24時間営業なら不可抗力で到着時間が遅れても納品できるが、閉店時間帯があると遅配できない。また、飲料水などは常温で運ぶので深夜のうちに商品ケースに入れておかないと朝食需要のピークまでに冷えないといった問題もある。22時からの閉店になると棚入れの時間などを考えれば21時ぐらいまでには届けなければならない」といいます。

次にフローズン（冷凍）商品の配送では、基本的には1日1回ですが季節によって配送頻度が違います。あるCVチェーンでは夏場は週7日つまり毎日1回の配送で、春と秋は週6日、冬は週3日です。別のCVチェーンでも夏は週7日ですが、春秋冬は週5日の配送になっています。フローズンの配送では1

台のトラックが1日2回転（あるいは3回転）しています。あるCVチェーンの場合には1回の配送にかかるドライバーの拘束時間は11時間ぐらいです。ドライバーが交代して1台のトラックが昼と夜（表裏）で稼働する仕組みです。

このようにフローズン商品の場合には、時短営業になっても納品時間帯を多少変えるだけで、配送業務への影響は少ないといえます。それに対して一番課題を抱えているのがデイリー商品の配送です。デイリー商品には弁当やおにぎりなどの米飯やパンなど20℃の温度帯で管理する商品。それに5℃の温度帯で管理するチルド商品があります。

このデイリー商品のうちチルド商品はどのCVも1日3回配送ですが、米飯やパンなどの商品は3回配送のCVチェーンと4回配送するCVチェーンがあります。このうち、1日4回配送のCVでは第1便を1－A便と1－B便の2回に分けています。このような違いはありますが、大まかにいうと第1便は深夜から早朝の配送、第2便は朝から午前中の配送、第3便が午後から夕方にかけての配送になっています。

これらの配送時間帯から分かることは、米飯やチルド商品は朝食用需要、昼食用需要、夕食用需要に合わせて配送していることです。出来立ての弁当やおにぎりなどを販売しようという狙いです。実際、朝昼晩の食事の時間帯に応じてCV店舗での販売ピークは1日3回になっています。公取委の調査では、店舗の立地条件によって状況は異なるとしながらも、7時、8時が「朝のピーク」、12時、13時が「昼のピーク」、18時、19時が「夜のピーク」で、それ以外の時間帯は「通常業務」としています。

駅前店（東京近郊）が1店舗と、複数の郊外ロードサイド店（路面店）を経営しているあるCVオーナーが、午前（6時～12時）、午後（12時～18時）、夜（18時～24時）、深夜・早朝（0時～6時）という4つの時間帯に分けて、各店舗の平均的な売上構成比を算出してくれました。それによりますと、立地条件で差が見られるのは深夜・早朝で、駅前店では1日の売上の3％程度しかありません。しかし路面店では深夜・早朝でも10％程度の売上構成となっています。午後と夜はいずれも30％ずつになっていますが、午前は駅前店が37％、路面店が30％という売上構成です。駅前店は最終電車から始発電車までの間はほとんど売上がないということです。ところが駅前店は朝の通勤や通学時間帯の売上が多くなります。「1人当たりの客単価は下がるが、全体として朝食需要が大きい」といいます。

これは同オーナーのケースであり店舗の立地によって様々に違うことは当然です。しかしCVの時短営業を物流との関連で見ますと、一番の課題がここに集約されているといえるようです。

7時、8時の「朝のピーク」に備えるには、それ以前に商品を受け取り、棚入れを済ませておかなければならないからです。先述のように売上高が最も少ない時間帯として4時台という回答が14・0％もあります。しかし5時台は1・1％、6時台では1％以下に下がります。つまり、少なくとも6時前にはスタンバイしていないと販売機会喪失になってしまいます。

先のCVオーナーのケースでは、第1便で届けられた商品の朝の棚入れに要する作業時間は2人で約

1時間です。それに対して第2便、第3便の棚入れは2人で15分ぐらいです。この作業時間の差は、「第2便、第3便は補充発注が多いから」といいます。

いずれにしても採算性の低い時間帯に、届けられた商品を受け取り、棚入れ作業をしておかなければなりません。6時までに完了するなら5時から棚入れ作業が必要です。遅くとも7時までには完了しなければなりません。すると6時台に棚入れをすることになりますが、公取委の調査では「人手不足を感じる時間帯」は6時台が23・9％で最も多くなっています。

このように見てくると、商品の受け取りも含めて4時から5時には誰かが店舗にいなければならないことになるわけです。飲食店にたとえると、11時からの開店ならその前に仕込みの時間が必要です。中には早朝に市場に行って自分でネタを見て仕入れる店主もいるでしょう。だが飲食店ではこれら仕込みの時間には暖簾を出していません。つまり仕込みの時間帯は働いていても売上がゼロです。それに対してCVでは「朝のピーク」に備える「仕込みの時間帯」も開店しているので僅かでも売上があります。しかし、その時間帯だけを見れば採算が取れていないということです。この「仕込みの時間」をオーナーがどう判断するかです。

このような時短営業の課題を解決する方策の一つは、ドライバーがカギを預かり無人の店舗に納品しておくという方法があります。これにはバックヤードの整備なども必要ですが、オーナーも配送事業者も共通して指摘するのは「食品の場合にはリスクが高い」という点です。

このようなリスク軽減の方策の一つとして、開発に取り組んでいるコンテナがあります。3温度帯の温度管理が可能で、商品を外気に触れさせず輸配送できるキャスター付きの小型のコンテナです。GPSで追跡管理もできます。まだ軽量化などの改良が必要ですが、コンテナの1面を透明にし、そのまま商品棚としても使えます。

あらかじめ商品を陳列したコンテナで、カセット式に前日のコンテナと差し替えれば、「朝のピーク」前の店内作業の時間短縮が図れます。だが店内での作業時間を短縮できる分、物流センターでの膨大な「棚入れ（コンテナ詰め）作業」が必要になるというトレードオフの関係があります。さらに配送車両の積載効率も下がります。

そこで、過疎地域などでは大手コンビニによるコンテナを使用した共同配送といったことも現実味を帯びてくるのです。

その他、24時間営業店と時短営業店が配送コースに併存すると配送効率が低下します。また、商品の受発注やベンダーからの物流センターへの納入時間などの仕組も変えなければなりません。配送車両の回転率が下がるなど稼働効率の低下といった問題もあります。

それでもCVの営業時間短縮は避けて通れなくなりますし、人口減少地域における複数のCVチェーンによる共同配送なども含めて物流の変化が起きてくるでしょう。

川下物流は多種多様化（ネット通販・ネットスーパーなどが拡大）

一方、川下物流では宅配が増えてきます。ネット通販市場は伸び続けていますが、日本ではまだまだネット通販が拡大するものと思われます。

経産省の「電子商取引に関する市場調査」によりますと、２０２１年における世界のＥＣ化率は19・6％（旅行やイベントのチケット、料金支払い関係、フードサービスなどは含まず）です。それに対して日本の物販系分野のＥＣ化率は８・78％ですから、物流（宅配）を必要とする物販系のネット通販はまだまだ増加すると予測されます。

ちなみに２０２１年で見ますと、ＥＣ化率の高い商品カテゴリーは「書籍、映像・音楽ソフト」の46・20％、「生活家電、ＡＶ機器、ＰＣ・周辺機器等」の38・13％、「生活雑貨、家具、インテリア」の28・25％、「衣類・服装雑貨等」の21・15％などとなっています。

書籍などのＥＣ化率が一番高いですが、生活家電や家具など大型の商品のＥＣ化率が高いのは宅配サービスの賜物と言っても良いでしょう。

購買コストという考え方があります。商品を購入するのにかかるコストです。従来のように店舗に買い物に行くにはコストがかかっていたのです。①時間＝店に行くのに要する時間と商品を選んだりする時間。いくつかの店を見て商品を比較して購入する場合はさらに時間がかかります。②交通費＝店に行くための交通費。③購入商品を持ち帰るための労力。以上のようなコストです。

ネット通販なら①の時間が短縮できます。特にいくつかの商品を比較するのに複数の店を回って見比べる必要がありません。若い人たちや忙しい人はこの時間コストの削減がネット通販利用の大きな理由の一つです。②の買い物のための交通費は、自宅からでも職場からでも、あるいは出先からでも注文できるのでかかりません。③の購入商品を持ち帰る労力も宅配してもらえばいりません。ネットスーパーなども含めて高齢者の人などはこの労力というコスト削減が大きな理由と思われます。

そのようなことで、ネットスーパーや店頭で購入した商品の宅配サービスなども増えています。ネットスーパーなどの宅配の統計はありませんが、リアル店舗でもネット通販への対抗として宅配サービスを強化しています。

先に生活家電や家具などの大型商品のEC化率が高いと書きました。家電や家具は昔は「買回り品」と呼ばれていたものです。それに対して食料品や日用品などの消費財は、昔は「最寄り品」と呼ばれていたものです。ネットスーパーでは最寄り品の宅配が主になってきます。

このようにネット通販にしてもネットスーパーにしても、川下物流では宅配が今後ますます増えてきます。

そこで次に、ラストマイル（宅配）の多様化と今後顕在化してくると思われる諸問題について見ることにしましょう。

6 日本社会の変化と生活密着型の物流（拡大するB to CやC to C物流）とその課題

ラストマイルの多様化と貨物軽自動車の自営業者

皆さんもお気づきだと思いますが、最近は街中や住宅街で営業用の貨物軽自動車をよく見かけるようになりました。黒いナンバープレートに黄色い文字で数字などが書いてある軽自動車です。特にコロナ禍で急増してきました。

貨物軽自動車が増加している大きな理由の一つは、ネット通販市場が拡大していることです。先述しましたように、経産省の「電子商取引に関する市場調査」によりますと、２０２１年の消費者向け国内電子商取引（B to C−EC）の市場規模は20兆６９５０億円で、そのうち物流（宅配）が伴う物販系分野の市場は13兆２８６５億円です。

ネット通販の物販系分野は２０２０年に比べますと８・61％も伸びています。また、それ以外にフリマアプリやネットオークションなどによる個人間のネット取引（C to C-EC）も2021年度は2兆2121億円（推定）で、前年比12・9％の伸び率です。

一方、国交省の調べでは「宅配便取扱個数（トラック）」は2021年度が48億8200万個で、前年度比では2・0％の伸び率となっています。ネット通販市場は金額集計で、宅配便市場は個数集計という違いはありますし、年度と暦年の違いもありますが、ネット通販市場（物販系）の伸び率に対して宅配便の伸び率は小さいです。単純に伸び率を比較しますと約4分の1ということになります。

このギャップを埋めているのが、ネット通販会社などから宅配業務を直接受託している運送事業者なのです。この運送事業者が取り扱っている宅配荷物は、国交省の宅配便取扱個数には集計されていません。宅配便事業者の取扱個数も増加していますが、最近の特徴として宅配便事業者の取扱個数の伸びは主に個人間ネット取引（C to C-EC）の宅配荷物で、ネット通販会社（B to C-EC）で増加している宅配荷物を取り扱っているのは宅配便事業者以外の運送事業者と見ることができます。

しかし、宅配便事業者もそれ以外の宅配事業者も、ラストマイルの配送業務のほとんどを委託しているのが、自営業の貨物軽自動車運送事業者（以下は軽貨物）なのです。いずれにしても軽自動車による有償での貨物運送行為は、1人1台でも国交省に届け出て軽自動車の営業ナンバー（黒ナンバー）を取得すればできます（一般貨物自動車運送の事業許可は5台以上です）。この軽自動車1台で宅配業務をしている個人事業主がコロナ禍で急増しています。

コロナ禍で輸送量が減ってもトラックドライバーは慢性的に不足しています。しかし、軽貨物の自営業者はなぜ増加しているのでしょうか。それは、コロナ禍で失職したり収入が減少した人たちの中に、開業資金が少なくても独立できる軽貨物の自営業を志望する人たちがいるからです。

その結果、コロナ下の在宅勤務などで拡大するネット通販の宅配需要を、コロナ禍で転職せざるを得なくなった人たちが支えるという皮肉な構造になっています。

国交省の調べによりますと、2020年度末の貨物軽自動車運送事業者数は19万7788で、同じ時点における営業用貨物軽自動車は31万9854台となっています。前年度末より事業者数は2万929の増加で増加率は11・8%です。また、車両数は2万5542台の増加で8・7%の増加率になっています。

さらに2021年度末では事業者数が20万9250なので1万1462の増加。車両数は33万4878台なので1万5020台の増加になっています。

総務省の人口推計によりますと2022年2月1日現在の日本の人口は1億2534万人ですから、単純計算しますと約374人に1台の割合で営業用軽貨物の自動車があることになります。営業用軽貨物をよく見かけるのは当然といえるでしょう。

ここからもコロナ禍による物販系ネット通販の荷物増加を、コロナ禍で軽貨物の自営業者に転換した人たちが支えていることが分かります。軽自動車のドライバー募集をしているある事業者に聞きましたら、「コロナの影響を受けた飲食業などからの転職希望者が増えた」、といっています。

このようにしてラストマイルの担い手の多様化が進んでいるのです。

ネット通販の拡大で増加した軽貨物の自営業者の課題

コロナ禍で事業者数、車両数とも急増している軽貨物の自営業者ですが、2017年にも大きな転換期がありました。ヤマト運輸がアマゾンなど大口取引先との取引条件の見直しに着手して大きな話題になったのが2017年です。佐川急便や日本郵便も取引条件の見直しを進めました。この背景にはトラック運送業界全体のドライバー不足がありました。前年の2016年ぐらいから運送業界のドライバー不足が顕在化しました。その結果、ドライバーの長時間労働など過重労働によって荷物が遅滞なく運ばれている、という状況にあったのです。特に宅配便はネット通販の拡大で現場のドライバーへの負担が増していました。

このような中で2016年から営業用貨物軽自動車の台数が増え出し、2017年からは個人事業主も増加してきました。ドライバー不足を背景に、宅配便各社の取引条件見直しの波及効果もあって個人事業主の配送単価も上昇したからです。

また、「宅配クライシス」を機に、一部の大手ネット通販会社では宅配便事業者への依存度を下げて、自社独自の宅配システムの構築を進める動きを加速化してきました。それにより宅配便事業者以外の運送事業者による宅配取扱個数が増加してきたのです。

同時に、再配達率を下げる取り組みも活発化しました。自宅以外で宅配荷物を受け取るピックアップポイントの多様化や、宅配ＢＯＸや「置き配」の普及などです。その後、コロナ禍での在宅勤務の増加も再配達率低下を促進しました。

再配達率が下がれば配送効率が良くなります。配送効率が良くなれば、配送単価が同じなら自営業者の売上は増加します。しかし、自営業者の売上が増えてくると、１個いくらという単価（個建運賃）の引き下げや、歩合制から１日単位や時間単価などの定額制の運賃に取引条件を変えられてしまいます。その結果、自営業者にとっては実質的な単価切り下げになっているのです。

現場作業にも様々な課題があります。たとえば高層のオフィスビルやタワーマンションなどでは、１棟で複数の配達先がある反面、セキュリティが厳しいために同じ建物内でも何度も手続きをしなければならないといったことがあります。また、宅配ＢＯＸも普及しましたが建物によって違う宅配ＢＯＸなので、高齢のドライバーの中には操作に時間がかかる人もいます。また、限られた数の宅配ＢＯＸをめぐるドライバー同士の争奪戦もあります。

置き配も表面化しないだけでトラブルが結構あるようです。なぜ表面化しないかといいますと、２０

17年当時と比べますとネット通販会社からのコマーシャル収入が増えたために、テレビ局などが「忖度」して採り上げないからです。

ある大手ネット通販会社の荷物を持ったドライバーが、配達先の家の門が閉まっていたので塀をよじ登ろうとしている姿が防犯カメラに記録され、その映像がSNSに流れていたことがあります。あるテレビ番組がその映像をVTRで使う予定でした。しかし、オンエアの直前にSNSから削除されたので、急遽、その映像の放映を止めました。CM収入が多いそのネット通販会社からのクレームを避けるためだと思われます。

置き配には誤配や盗難などのトラブルもあります。あるドライバーは「置き配の誤配もある。それだけではなくマンションではナンバーだけで名前を表示していないことが多く、A棟なのかB棟のルームナンバーなのかが分からない場合がある」と言います。あるいは「電話確認は不在確認にもなるので防犯上しない」という宅配事業者もあります。時間帯の指定でも、自分でネット通販に注文して自分が受け取る場合は良いのですが（それでも不在再配達があります）、ギフトなどでは、注文する人と受け取る人が違うので再配達になるケースもあります。

ある下請事業者から仕事を請けている軽貨物の自営業者は「1日1万3000円という契約です」。下請事業者は元請事業者から1個いくらという個建で運賃を得ていますが、軽貨物の自営業者には1日いくらという日建てにしています。配達する荷物を増やせば増やすほど下請事業者が得をすることになります。

そして自営業者から誓約書を取っているのですが、それによりますと「無断欠勤や置き配違約金などが明記されていて、置き配の荷物が盗難に遭った場合でも責任を取らされます」。また「誤配は1個3万円なので、運賃の2日分以上の罰金です」。

さらに、軽貨物の自営業者にとって大きな課題は拘束（労働）時間と収入の関係です。以前は、自営業者なら雇用関係にないので長時間労働が可能と解釈されていました。そのため宅配便会社もネット通販会社でも、長時間労働を前提にした低単価で委託契約することができました。それでも配送効率が良くなると単価引き下げなどが行われていたのです。

しかし、2018年4月に出された国交省の通達「貨物自動車運送事業輸送安全規則の解釈及び運用について」によって状況が一変しました。その通達では、自営業者でも改善基準告示などが適用される、としているからです。さらに同年12月に成立した「改正貨物自動車運送事業法」では荷主の配慮義務が新設され、荷主勧告制度が強化されました。元請会社も荷主とされています。

これら一連の法令などによって、自営業者でも拘束（労働）時間の順守が必要になったのです。そのため「配達が完了していない荷物があっても拘束時間の1日13時間以内で仕事を終了するように言われている」という自営業者もいます。また、「週5日稼働と決められている」ようなケースもあります。

このように見ますと、いかにも理解のあるネット通販会社だったり元請事業者のように思われるかもしれませんが、13時間以内で仕事を修了するようにと言っていながら、配送完了の個数が少ない自営業者は契約を打ち切るということもあります。また、問題は収入です。「配送効率が良くなったが、定額制なので従来の100個配達が現在は150～180個配達しても収入は以前と同じ」といった声もあります。

たとえば、ある軽貨物の自営業者のケースを見ますと、「午前の便は8時30分着車で8時50分までに出発します。午後の便は16時30分着車で16時50分の出発です。そして帰庫は21時30分となっています」。この自営業者の場合には、午前の便はセンター側が仕分けをしておいてくれますが、午後の便は自分で仕分けをして積み込まなければなりません。午前の便と同じに20分間での積込みは難しいです。そして「13時間以内の帰庫時間までに帰らないと反省文を書かせられる」と言います。

コロナ禍で成長を加速化しているネット通販ですが、コロナに拘わらず今後もネット通販市場は伸びるだろうと予測されます。しかし、宅配を担う軽貨物の自営業も将来有望という保証はないのです。

フードデリバリーの多様化と交通ルール無視も

また、コロナ禍の巣ごもり需要もあってフードデリバリー（飲食宅配サービス）が増えています。この拡大する飲食宅配の需要を支えているのが、ギグワーカーあるいはオンコールワーカーの人たちです。

雇用契約ではなく業務委託契約の自営業者ですが自転車などでは営業許可のようなものがいりません。排気量が125cc以上のバイクなら軽自動車と同じように国交省に届出をして黒ナンバーを取得しないと違反になります。

ほんの僅かですがナンバーのプレートが黒で数字などが黄色になっているバイクを見かけることがあるでしょう。珍しいと思いますが、これは営業用ナンバーをつけた125cc以上のバイクです。しかし、125cc以下のバイクや自転車なら、営業用の届け出がいりません。フードデリバリーはほとんどが自転車で営業されています。

また、フードデリバリーには一部の軽貨物の自営業者も参入しています。これは、コロナ禍で運ぶ荷物が少なくなった軽貨物の自営業者が、空いた時間に少しでも稼ごうとフードデリバリーに入ってきたからです。

さらにタクシー事業者もコロナ禍における救済措置として国交省が時限的にフードデリバリーを許可しました。これもコロナ禍で乗客が減少して売上が減った分を、少しでもカバーできるようにという特例措置として、国交省がフードデリバリーへの参入を認めたからです。この特例措置は恒久化される可能性があります。

これら軽貨物の自営業者やタクシー事業者は、事業許可などを取得していますので特別の問題はありません。しかし、フードデリバリーの大半を占める自転車等は事業許可がいりません。そのため、この人たちの交通マナーが問題です。

フードデリバリー業界全体の正確な実態は分かりませんが、全国に10万人以上も配達員がいる大手飲食宅配会社もあるようです。これら飲食宅配で働く人たちは原動機付自転車や自動二輪車で配達している人もいますが、ほとんどは自転車で宅配をしています。

この自転車で飲食宅配をしている人たちの中には、交通ルールを無視し、予測できないような危険な走行をする人がいます。歩行者が危険を感じることも多いでしょうが、トラックドライバーの人たちにとっては突然のとび出しや車線変更などに対して、事故を防ぐための精神的な負担が大きくなっています。

歩行者は自転車の被害者になるケースが多いのですが、トラックドライバーの人たちは「加害者」にされてしまう可能性があるのです。かりに相手に事故原因があったとしても、責任が0対100になるケースはほとんどないからです。もちろん責任の有無に関わらず、自転車の運転者に怪我でも負わせてしまったらお互いが不幸になりますから、事故は防がなければいけません。

トラックドライバーの95％が「危ない」を実感

事業用貨物自動車が第1当事者の死傷者数（死者・重傷者・軽傷者計）は近年、減少傾向にあります。全日本トラック協会の「事業用貨物自動車の交通事故の発生状況」によれば、「事業用貨物自動車の死傷者数」は２０１７年が1万８８９０人、18年が1万７７６８人、19年が1万５２８３人と減少しています。そのうち第2当事者が自転車の事故も17年が１６０５人、18年が１４６７人、19年が１４１９人と減少していますが、事故全体に占める自転車が第2当事者の事故比率は17年の８・５％に対し19年は９・３％になっています。

この点について「自転車事故の比率が増えているのは飲食宅配の増加とも呼応している」と指摘する声もあります。警察庁によりますと２０２０年中の自転車関連事故は全体件数で前年比－５・９％の約６万８０００件です。しかし、業務運転中の事故件数は＋３・６％の１２８１件になっています（２０２１年３月10日衆院国土交通委員会議事録より）。

このような状況を踏まえて全日本運輸産業労働組合連合会（運輸労連）では２０２０年11月に、「自転車および中食デリバリーの危険走行に関するドライバーアンケート」を各単組に所属するドライバーを対象に実施しました。回答者は９１４８人です。

同調査によりますと、二輪車等の走行マナーについて、運転中に二輪車等が「危ないな」と感じることが、「よくある」53％、「たまにある」42％で、実に95％のドライバーが危険を感じています。また、走行中の乗務車両（台車含む）から見た走行ルール・マナー違反で危険を感じる行為を見ると、①すり抜け、②スマートフォン等のながら走行、③イヤホン等で音楽を聴きながらの走行、④周囲を気にしていない、⑤影・死角からの飛び出しが上位5位となっています。なお、「ながら走行」は、あくまでドライバーがそう受け止めているというものです。

トラックの車両別では5ｔ未満に乗務しているドライバーが、各項目とも危険を感じるという回答数が多い結果になっています。また、業種別では宅配のドライバーが、どの項目でも危険を感じるという回答数が多くなっています。これは高速道路や幹線道路を走行することが多い大型車よりも、店舗配送や宅配など小型車や普通車で狭い道を走行しているドライバーの方が、交通ルールやマナー違反の自転車に遭遇する機会が多いことを表しています。

日本には現在、自転車と歩行者を分離した道路として自転車専用道路、自転車道、自転車専用通行帯、車道混在の4つがあります。2021年3月10日の衆院国土交通委員会において、国交省は2020年3月末における自転車通行空間の整備延長は2930㎞で、そのうち車道混在形態の割合は約7割と答弁しています。また、車道混在形態は自動車の速度が低く交通量が少ない場合や、他の整備形態が当面困難だが自転車の安全性を速やかに向上させなければならない場合に採用しているとし、自転車道や自転車専用通行帯の整備を検討する必要があるとも述べています（議事録より）。

このように自転車・歩行者分離道路の約7割が車道混在型です。自転車とトラックや乗用車が分離されていない道路を走行していることになります。そのため自転車等の交通ルールを無視した走行には注意しなければなりません。

運輸労連の調査では、自転車、原動機付自転車、自動二輪車別に危険を感じる行為を調べました。飲食宅配の自転車で危険を感じる行為の上位3位は、①スマートフォン等のながら走行、②イヤホン等で音楽を聴きながらの走行、③すり抜け、です。それに対して原動機付自転車と自動二輪車は1位から3位までが同じで、①すり抜け、②速度超過、③周囲を気にしていないの順になっています（ドライバーの受け止め方）。

そのような中で自転車に危険を感じさせてしまった、と思うこともあるといいます。自動車専用レーン付近や車道混在区間等で運転を行う際に、自転車に対して危険を感じさせてしまったと思うことが、「よくある」13％、「たまにある」48％で、合わせて61％のドライバーが自転車に危険を感じさせてしまった、と自覚しています。自転車に危険と思わせてしまう行為では、右左折、追い越し、接近、並走、ドアの開閉などが上位になっています。

小型モビリティの普及を見越して規制や安全対策などが必要

このようにトラックドライバーは安全に気をつけていますが、同時に自転車等に対して街頭での指導・取り締まり強化、法規制の強化、飲食宅配運営会社への指導強化などを求める声も多くあります。

それに対して関係省庁からは、先述の国土交通委員会で次のような発言がありました。貨物運送事業法における飲食宅配の法的位置づけについて国交省では、排気量が125ccを超えるオートバイでの有償運送行為は規制の対象になりますが、それ以下の小さな車体では活動範囲や輸送能力が限定されるため規制は行わないという考えで、飲食宅配も規制の対象外ですが事業者の自主的な取り組みなどを注視しているといいます。

また、飲食宅配の運営会社と配達員の雇用（契約）関係について厚労省では、配達員の事故防止などが課題になっていることを踏まえ、2020年10月に国交省、警察庁など関係省庁と連携して、飲食店関係の業界団体に配達員の事故防止のための取り組みを要請しているとしています。警察庁も関係団体に配達員に対する交通ルールの徹底などの協力を依頼し、同時に都道府県警察においても自転車安全講習の開催やその他の安全対策を実施しているとしていると答弁しています（いずれも議事録より）。

一方、飲食宅配の大手各社も、2021年2月に業界団体である一般社団法人日本フードデリバリーサービス協会を設立しました。設立時の会員は正会員A5社、正会員B8社の13社です。同協会では交通トラブルや配送における諸課題の顕在化を踏まえ安心・安全にサービスを利用できる環境整備に取り組んで利用者の利便性を向上し、サービスの発展に努めていくとしています。飲食宅配で働く側でも、Uber Eats の配達員が２０１９年10月にウーバーイーツユニオンを発足し、「事故やケガの補償」「運営の透明性」「適切な報酬」を３本柱に活動しています。

なお、２０２２年11月25日に東京都労働委員会はウーバーイーツの運営会社に配達員らの労働組合との団体交渉に応じるように命令しました。

飲食宅配の自転車等に限らず、さらに今後はモペットや電動キックスケーター、その他の小型モビリティの増加が予想されます。警察庁の「多様な交通主体の交通ルール等の在り方に関する有識者検討会」では、歩道通行車（～６㎞／h程度）、小型低速車（～15㎞／h程度）、既存の原動機付自転車等（15㎞／h～）など小型の電動モビリティの交通ルールなどを検討しています。とはいえ小型モビリティの普及は、歩行者はもちろん、狭い道路を運転する店舗配送車両や宅配便のドライバーにとっても精神的負荷の増大になっています。

このような飲食宅配の自転車やその他の小型モビリティによる事故を減らすには、①飲食宅配会社の責任（契約内容の見直し、安全教育や事故に対する補償など）、②自転車などで飲食宅配をする人たちや小型モビリティの走行者に対する交通ルールの徹底（交通違反に対する罰則など）、③自転車専用道路の設置など交通インフラの整備、その他が必要です。一方、トラックドライバーの側でも交通ルールを再認識するとともに、譲り合いの精神を持つなど、安全対策には社会全体で取り組んでいかなければなりません。

なお、改正道路交通法では電動キックボードが自転車並みとされ、時速20㎞以下では運転免許がいらず、ヘルメットの着用も努力義務とされました。

いずれにしても、物流には関わりなく今後は様々な小型モビリティが増えてくることが予想されます。いまから小型モビリティの法的位置づけなどを整備し、交通ルールを決めて法令順守のための取り組みをしていく必要があるでしょう。

ドローンは宅配のスタンダードになり得るか

いま注目されているのはラストワンマイルにおけるドローンの活用です。各地で実証実験が行われているのはご承知の通りです。

ドローンによる宅配はドライバー不足への対応だとか、過疎地における末端物流の維持であるとか、トラックのようにCO_2を排出しないので環境に良いとか、様々な理由が述べられています。それに何より、ドローンによる宅配はイノベーションといった点が魅力なのでしょう。

しかし結論からいいますと、ドローンは宅配のスタンダードにはなり得ない、と筆者は考えています。筆者がドローン配送について初めてコメントしたのは２０１３年12月30日発行の週刊「プレイボーイ」でした。アメリカでAmazonがドローン配送を始めて間もなくでしたが、当時はウォールマートや食品スーパーの宅配と競合するエリアで商品限定なら有効だろうとコメントしました。

その時に日本におけるドローンの活用についても考えましたが、日本の場合には限定されたエリアなどなら有効でしょうが、宅配のスタンダードにはなり得ないと判断しました。その考え方は現在も変わっていません。

具体的に見ていきましょう。

まず、都市部では人が宅配した方が生産性が高いはずです。軽貨物の関係者の話では、都市部の場合なら「置き配も含めて現在は１日１８０個から２００個も配送しています」。従来の約2倍の配達個数になっています。現状では軽貨物の自営業者も含めて、ドライバーの１日の最大拘束時間は原則13時間です。そのうち最低でも1時間の休憩を取らなければなりませんから、最大でも１日12時間の労働になります。すると１日１８０個を配達するとした場合に、１個配達するのに必要な平均時間は４分です。

ドローンの操縦者にはトラックドライバーと同様の改善基準告示などは適用にならないと思いますが、ここでは同一の労働時間規制が適用されるとしましょう。

ドローンを操縦するのに１配達件数当たり４分で可能でしょうか。もし１件平均４分で１日１８０回のドローン操縦ができたとしても、ドライバーが宅配するのと同じです。

一方、過疎地域ではどうでしょうか。1人のドライバーで1日平均50~60個しか配達できない地域もあるでしょう。少なく見積もって1日平均50個としますと、12時間では1個平均14分24秒で配達することになります。つまり14分24秒に1件の割合でドローンで宅配が可能かどうかです。

もちろんコストも考えないといけません。人件費は宅配ドライバーもドローン操縦士も同じとしますと車両費や燃料費と、ドローン費と燃料費などの比較ということになります。

また、ドローンの場合には1回で可能な飛行距離という制約もあります。かりに半径20kmとしますと、40kmの間隔で碁盤目状に操作場を設けなければ、配送エリアを面としてカバーすることができません。飛行距離が30kmでも60km間隔で操作場を碁盤の目状に設置する必要があります。

この1回の飛行距離については高性能のドローンが開発されるごとに伸びてくると思います。しかし、基本的な考え方や仕組みとしては変わりません。

そしてドローン操作場までは基本的に従来と同じようにトラックなどで宅配する荷物を運ぶことになります。

このように考えますと、ドローンは宅配のスタンダードにはなり得ないと思います。一方、ドローンの優位性もあります。ドローンを有効に活用するには、住民(世帯)の少ない離島での宅配とか、テレビ番組のタイトルではないですが人里離れた「ぽつんと一軒家」への宅配、あるいは災害時の避難所への緊急を要する物資（薬品など）の輸送など、ドローンの特徴を活かせる条件下での利用が良いと思われます。

あるいは過疎地では、人とドローンの組み合わせも今後は現実的になってくると予想されます。たとえば過疎地域でドライバーの宅配個数が1日平均50個の配送コースがあるとします。その50個の中でも1件、あるいは2件の配達先だけ距離がかなり離れていて、配送効率が悪いとします。その1件ないしは2件に配達するためにドライバーの労働時間が長くなっているようなケースです。もちろん燃料費などのコストもその1件や2件のためにかかります。

そこで末端のデポに届いた荷物の住所などを自動で読み取って、そのような配達先だけを自動選別します。つまり一般の配達コースから自動的に外して、それら非効率的な配達先だけドローンで宅配するのです。するとドライバーの配達効率が良くなり、コスト削減にもなって生産性が向上します。

このようなドローンの活用なら現実的でしょう。自動選別などに必要なデータを蓄積すれば、ＡＩによって実用化もそれほど難しくはないはずです。

無人ヘリによる宅配への導入ということでは、ドローンより大型の無人ヘリは現実性があるでしょう。現在、宅配便の大手事業者が路線バス会社と提携して行っている貨客輸送の部分です。ドローンより一つ川上の部分への大型無人ヘリの導入なら法的な面を別にして、かなり現実性が高いと思われます。

ロボットは宅配のスタンダードになり得るか

ロボットによる宅配も実験が進められています。ただ、1件ずつロボットで宅配するのではドローンと同じように配送効率が良くなるとは思えません。

「ロボット宅配」を考える場合には、まず現在、宅配便会社が配送車にしているような小型トラックの自動運転が、技術的にも法的にも可能になることが前提になるでしょう。つまり配送トラックの自動運転です。そして荷台は多数の宅配ボックスからなっているような構造です。

あるテレビ番組でディレクターと事前打ち合わせをしている時に、ロボット宅配というよりも、「あなたの近くまで宅配ボックスがやってくる」といったキャッチフレーズにした方が視聴者に受けるのではないか、と言ったことがありました。

そうです、たくさんの宅配ボックスを積んだトラックが自動運転で配送コースを巡回するようなイメージです。荷物を受け取る人のところには何時何分ごろ、自宅の前に着きますとショートメッセージを送り、その人宛の荷物の入っている「宅配ボックス」のナンバーや、解錠のために必要なデータなどを送信します。

このように、「宅配ロボット」というよりも「宅配ボックスが無人で近くにやってくる」といったイメージの方が現実的ではないでしょうか。そのために必要な条件は、配送トラックの自動運転が可能になる、ということです。

たくさんの「宅配ボックス」が搭載された配送トラックでも、人が運転するのでは、荷物を手渡しした方が良いでしょう。

引っ越しサービスは「できるだけ運ばない引っ越し」に変化

宅配便が消費者物流の代表格なら、引っ越しサービスも身近な消費者物流です。

この引っ越しサービスも人口が減少してきますと、当然ですが市場が縮小します。同時に引っ越し市場は様々に変化します。

人口減少は引っ越しの絶対数の減少になるでしょう。これは国内の引っ越し市場の量的変化です。しかし半面、人口の偏在化も進んでいますから、不便な所から比較的便利な近くの町場に移転するケースが、一時的には増加することも考えられます。これは従来にはなかった引っ越し市場の質的変化です。これまでにはなかった新たな引っ越しのパターンといえます。もちろん永続的な市場ではありませんが、人口偏在化に伴う引っ越しニーズに対応したサービスも考える必要があります。

この人口偏在化に伴う引っ越しでは、引っ越し荷物の減少が進みます。田舎の家は比較的大きく、昔からの家具もたくさんあります。しかし、便利な町場の住宅は昔の住宅より狭小になるのが一般的です。そのため、昔からの家具を処分して家具を減らすことになりますから、引っ越しに伴う荷物は自ずと少なくなります。

一般の引っ越しの傾向としても運ぶ家具は少なくなっています。新居の場合にはクローゼットなどを備えていることが多いからです。「引越タクシー」などが貨物ではなく手荷物として運ぶことが可能なのは、身の回りの荷物だけを持ってシェアハウスに引っ越すなどというライフスタイルになってきたことによります。

そうしますと引っ越しサービスでは、運ぶ家財などをいかに少なくするか、という営業になってくるでしょう。先に、濃縮飲料の例を見ましたが、それと同じような発想です。

従来の引っ越し事業者は、家財をたくさん持っている人（家族）が良いお客さんでした。運ぶものが多ければ多いだけ成約金額が大きくなるからです。しかし、これからは運ぶものをできるだけ減らすが、売上金額はできるだけ多くする、という発想の営業が必要になってきます。

できるだけ荷物を運ばない引っ越しサービスの営業では、「断捨離」などのアドバイスができる営業担当者などを育成することも必要です。何を捨てるか、何を新居にもっていくかを的確にアドバイスすることのできる営業担当者です。

そして新居に運ばない家具などはリサイクルショップで販売したり、あるいは廃棄処分にするといったサービスが伴います。これも新しいビジネスになります。

国内にリサイクルショップを持っていたり、東南アジアなどに現地法人のリサイクルショップを持っている引っ越し事業者もいます。独自にネット通販サイトを立ち上げて販売する、といったことも可能です。そこまではしなくても、リサイクルショップと提携したり、廃棄物の中間処理事業者と提携する、ということもできます。

さらに、古い家財や電化製品などをリサイクルや廃棄処分にするとともに、新居で必要な物は新たに購入するという販売営業も新たなビジネスになるでしょう。家電量販店や家具の量販店などと提携し、販売を担当するのです。新居には自分たちで運ぶのではなく、量販店の配送ルートで転居スケジュールに合わせて宅配してもらいます。

このように荷物をできるだけ運ばないようにして、しかし売上金額は増やすような引っ越しサービスへの転換です。これは作業者などの人手不足への対応にもなります。また、従業員の労働時間短縮にもつながります。

もう一つ引っ越し人口が減少する中で引っ越しサービス事業者にとって重要なのは、引っ越し繁忙期と閑散期の差をどのように縮小するかという課題です。

引っ越し市場の規模を調査した資料はありませんので、個々の事業者の推計などから判断するしかありませんが、大手事業者の実績などから判断しますと、3月は年間引っ越し件数の約13％強、4月は11％

強を占めています。3月と4月の2カ月に年間引っ越し件数の約4分の1が集中していることになります。しかも、実質的には3月中旬から4月上旬の約1カ月間に引っ越し需要が集中しているのが実態です。

しかし、引っ越し事業者の人手不足などで、事業者が見つからないために希望日に引っ越しができないという「引っ越し難民」という言葉も生まれました。コロナ禍で企業が4月の定期異動を減らしたり、時期をずらすなど、多少は平準化が進みつつあります。それでも繁閑の差が大きいことに変わりはありません。

引っ越しサービスを提供している事業者には他の一般貨物も取り扱っている兼業事業者と、引っ越しサービスに特化した専業事業者がいます。このうち兼業事業者は別ですが、専業事業者はボトム時の分までピーク時に稼がなければなりません。そのため繁忙期にはムリをして受注するためにサービス品質が低下して事故やトラブルが多くなります。

さらに正規雇用の従業員の労働時間短縮や、アルバイトの確保難などから、ボトム時の底上げを図ってピーク時に過度な受注をしなくても年間を通して売上の平準化を図ることが、専業事業者の大きな課題になっています。

そのため引っ越しや住生活などに関連した業種で、閑散期の底上げを図れるような分野への進出が必要になってきます。このようなことから引っ越しの大手専業者では、関連業種の企業との業務提携や、さらにM&Aといった再編成が今後は増えてくることが予想されます。

7 営業用トラックドライバーの不足問題と課題

ドライバー不足の理由（長時間労働と低賃金）

トラックドライバーは不足しています。厚生労働省の2022年5月の有効求人倍率では、常用（パート含む）の「職業計」の有効求人倍率が1・06ですが、「自動車運転の職業」は2・08です。その時々で多少の変動はありますが、ドライバーの有効求人倍率は約2倍で推移しています。

そしてトラックドライバーは今後ますます不足が深刻化する、という各種の調査・予測があります。鉄道貨物協会が2019年5月に発表した報告書によりますと、2028年度に必要とされるドライバー数は117・4万人と推計されています。それに対してドライバーの供給数は89・6万人なので27・8万人が不足するという予測でした。

NX総研では、「2024年問題」と改正改善基準告示を合わせた影響として、2030年には輸送能力の34・1％（9・4億t）が不足すると推計しています。

一方、国内の貨物総輸送量は減少が見込まれますが、先に見ましたようにＪＩＬＳの「ロジスティクスコンセプト２０３０」によれば、国内貨物輸送量の約6割を担っている営業用トラックは、同じく約3割を占めている自家用トラックからのシフトが進むために、輸送量の増加が見込まれるとされています。さらに、これも先述しましたようにネット通販の拡大などで宅配貨物の増加が予想されます。宅配は輸送重量の割には手間暇（労力）を要しますので、ますますトラックドライバーの不足が予想されるのです。

トラックドライバー不足は、なぜ、こんなに深刻なのでしょうか。その答えは簡単です。トラックドライバーは長時間労働で低賃金だからです。

厚生労働省の「賃金構造基本統計調査」によりますと、２０２０年の大型トラックドライバーの年間労働時間は全産業平均よりも約20％も長くなっています。それに対して年間所得額は約7％も少ないのが実態です。同じように、中小型トラックのドライバーの年間労働時間は全産業平均よりも約18％長く、年間所得額は全産業平均よりも約14％少ない、という結果になっています。

この数値を見ただけでも、トラックドライバーになる人が少ない理由は一目瞭然といえるでしょう。

特に大型トラックのドライバーの労働時間が長いのは、長距離輸送が多いからです。長距離輸送では毎日、家に帰ることができません。一度、荷物を積んで会社を出ますと、途中で車内のベッドで休息をとり、そのまま翌日も運転を続けます。そのためトラックの運転席の後ろは体を横にして休息をとることができるようになっています。

たとえば九州から首都圏への長距離輸送などでは5日運行などが珍しくありません。5日運行というのは、会社を出発してから会社に帰るまでが5日間ということです。

中小型トラックのドライバーは大型トラックのドライバーと比べると若干ですが労働時間が短くなっています。それでも全産業平均より約18%も長いのですが、大型トラックのドライバーに比べて中小型トラックのドライバーの方が労働時間が短いのは、一般的に輸送距離が短いからです。たいていは毎日、家に帰ることができます。しかし、中小型トラックのドライバーも全産業平均と比べると長時間労働であることに変わりはありません。

そして、中小型トラックのドライバーは、大型トラックのドライバーよりも一般的に収入が少ないです。これはドライバーの多くが歩合制の賃金になっているからです。固定給の部分は少なく、運賃収入などに応じた歩合の部分が大きい給与体系になっています（少数ですがドライバーの給料を月給制にしているトラック運送事業者もいます）。すると、大型トラックの方が中小型トラックよりたくさん荷物を積めますから運賃収入が多いために、歩合制賃金の部分が大型トラックのドライバーの方が多くなります。

さらに、トラックドライバーは休日が土日とは限りません。土日や祭日などもトラックに乗務して働き、平日に休むことも少なくありません。

そのような労働条件のため、ずっと昔は収入が良かったのです。しかし現状では全産業平均よりも収入が少ないのですから、トラックドライバーを志望する若い人が少ないのは当然といえます。

そのためドライバー不足のためにトラックでものが運べなくなることも予想されます。そのような事態を招かないようにするには、トラックドライバーの労働時間を短縮し、収入も増やすようにしなければなりません。

いま大きな課題になっている「2024年問題」は、働き方改革関連法で2024年4月からは、トラックドライバーの時間外労働時間の上限を罰則つきで年960時間にするというものです。これはドライバー不足解消に向けた第1歩とでもいえるものです。

そのためトラック運送事業者は当然ですが、荷物を出す発荷主側、荷物を受け取る着荷主側を問わず、法令等を知っている荷主企業は「2024年問題」の解決に向けて真剣に取り組んでいます。

トラック運送業界における「2024年問題」

このように「2024年問題」は、もはやトラック運送事業者だけの問題ではなくなってきています。

荷物を委託し、あるいは荷物を受け取る企業もトラックによって円滑に荷物が運ばれるようにしなければならないと労働時間短縮などに取り組んでいます。

トラック運送業界の諸課題解決に向けては、国交省だけではなく関係する省庁も連携してバックアップ体制を敷いています。このように、今や官民がトラック運送事業者の「2024年問題」の解決に向けてそれぞれの立場から取り組みを進めています。

しかし、よく考えてみましょう。これは実に奇妙な話なのです。

繰り返しますが「2024年問題」は2024年4月からトラックドライバーの時間外労働時間の上限を罰則つきで年960時間にする、ということです。しかし、一般則ではすでに時間外労働時間の上限は年720時間になっています。大企業では2019年4月から、中小企業でも2020年4月から時間外労働時間の上限は年720時間なのです。

ところが「2024年問題」で対応が難しいというトラック運送事業者が少なくありません。一方、荷物を出す企業では「2024年問題」で時間外労働の上限が年960時間になったら、ドライバーが不足してこれまでのように荷物が運べなくなるのではないか、と心配しているのです。

一般則よりも年間で240時間も長い、月に換算すると一般則より20時間も長い時間外労働を設定されても、運べなくなるかもしれないという危機感が強いわけです。

これは何を意味しているのでしょうか。これまでの経済活動や国民生活が、いかにトラックドライバーの長時間労働（低賃金）を当たり前の前提として成り立っていたか、ということの証左に他ならないのです。

「2024年問題」を機に、トラックドライバーの長時間労働（低賃金）が、日本の経済活動と国民生活を支えていたことに改めて気づくべきでしょう。そして国民も含めて、新しい日本社会を支える物流の在り方を考えることが必要です。

繰り返しますが一般則よりも月20時間も長い労働時間規制にするというだけでも、大騒ぎするほどトラックドライバーの長時間労働は当たり前になっていたのです。

この点については、荷物を出す企業や国民もそうですが、それ以上にトラック運送企業の経営者が気づくべきです。そして「2024年問題」をクリアするための取り組みを進めなければなりません。

労働条件改善のための原資確保

トラックドライバーの長時間労働を前提に成り立っている経済活動や国民生活は、経済構造や社会構造として正常な形ではありません。しかもトラックドライバーの低収入も含めて、運賃水準がいかに低いかということです。

そこでトラックドライバーの労働時間を短縮するためには、それを可能にするための原資の確保が必要です。労働時間を短縮すれば、従来と同じ仕事をこなすためには、ドライバーの人数を増やさなければならないからです。

それともう一つの新たな問題が出てきます。労働時間を短縮しますと、いまの賃金体系ではドライバーの収入が減ってしまう、ということです。なぜなら、ドライバーの賃金を歩合制にしている事業者が多いからです。そのような会社では労働時間を短縮するとドライバーの収入がさらに少なくなってしまいます。

つまり、労働時間短縮のためのコストと、労働時間が短くなってもドライバーの賃金を維持する、さらに賃金を上げることができるようにするための原資を確保することが不可欠なのです。

しかし、多くのトラック運送事業者は運賃交渉や取引条件改善のための交渉力が劣ります。そのようなことから国交省は様々な施策を講じてきました。取引条件の改善や運賃改定などに関連する代表的な施策を見ますと、2017年11月には、「標準貨物自動車運送約款」を改正しました。

「運賃」という契約の中に運送以外の諸作業料や、高速道路利用料金などが含まれていることがほとんどです。「含まれている」というのは表向きの解釈で、実質的には支払われていないのです。あるいは指定された時間に行っても、ドライバーは過度な長時間待機を強いられることも珍しくありません。この人件費に相当する分の支払いはほとんどされていません。

そこで改正された「標準約款」では、運賃は純粋に運ぶ行為の代償であって、ドライバーが行っている諸作業料や、待機時間に対する対価、高速料金などは運賃とは別途請求するようにする、としています。

さらに2018年12月には改正「貨物自動車運送事業法」が国会で成立しました。改正事業法の4つの柱は、「規制の適正化」「事業者が順守すべき事項の明確化」「荷主対策の深度化」「標準的な運賃の告示制度の導入」です。

このうち「標準的な運賃の告示制度」は2024年3月末までの期限付きで導入されたものです。つまり同年4月からの「2024年問題」を解決するための原資の確保策としての制度といえます。

しかし、標準的な運賃を切り口とした運賃改定交渉はなかなか進んでいないのが実態です。この間にはコロナ禍という逆風が吹いたことも事実です。一方、今度は燃料価格の急騰で経営がさらに圧迫されています。燃料サーチャージの導入は急務です。

また冷凍輸送事業者などは冷蔵倉庫や低温（定温）物流センターの冷凍機に使用する電気料金の高騰もコストアップ要因になっています。新電力と契約している事業者などは「契約更新時に基本料金、使用料金ともに約2倍の金額を提示されている」といったケースもあります。なお、使用料金の中には燃料調整費（電力会社が調達する火力発電用の燃料価格の変動を反映）もあります。

このように「2024年問題」への原資の確保以外にも、高騰する燃料やその他のコスト転嫁が急務になっています。しかし、現実にはコスト転嫁もできていない実態があります。

中小企業庁が2022年3月に実施した「価格交渉促進月間」のフォローアップ調査結果を公表しています。その中でトラック運送を見ますと、価格交渉の「話し合いに応じてもらえた」が45・5%で、半数弱が話し合いには応じてもらっているという結果です。しかし実際の価格転嫁は厳しく、「0割」が47・3%と最も多く、「マイナス」が1・8%で、両方を合わせると49・1%となっています。転嫁が「3割～1割程度」という回答が23・2%、「10割」の転嫁は4・8%に過ぎません。

業種別に価格転嫁状況を見ましてもトラック運送業は27業種中の27位と最下位です。コスト要素別に見ますと、労務費、原材料費、エネルギーコストとも27業種中で最下位でした。

このようなことから「2024年問題」への原資の確保もままならない、というのが多くのトラック運送事業者の実態です。

燃料サーチャージ=エネルギー価格転嫁の実態

ここで燃料サーチャージの実態を見ておきます。

最近は食料品や日用品などが軒並み値上がりしています。そしてメーカーは商品値上げの理由を「原材料や物流費の高騰」と説明しています。そのため、ほとんどの人は物流コストが上昇していると受け止めているでしょう。しかし「物流費の高騰」というのは輸入など国際物流のコストであって、国内貨物輸送の約60％（重量ベース）を担っている営業用トラックの運賃はほとんど上がっていないのが実態です。

日本銀行の企業向けサービス価格指数（2015年平均＝100）を見ますと国際物流と国内物流のコスト上昇の差が分かります。2022年8月の道路貨物輸送の指数は111・3（速報値）で、21年8月の110・6（確報）と比べて僅か0・7ポイントしか上昇していないのです。また、20年8月は110・4（確報）なので2年間でも0・9ポイントの上昇です。

それに対して外航貨物輸送は2021年8月の120・7（確報）から、22年8月では171・2（速報値）なので1年間に50・5ポイントも高くなっています。ここからも商品値上げの理由として挙げられる「物流費の高騰」は国際間の物流費であって、国内のトラック運賃ではないことが分かるでしょう。

各事業者の声を聞いてみましょう（2022年5月時点）。「スタンド契約が131円／ℓで、インタンクが115円／ℓ。昨年3月の決算では年間の燃料代が6400万円だったが、今年3月決算では7900万円なので1年で1500万円のアップ」（北海道）。「今年3月決算では前年度より燃料費が4000万円増えた。燃料高騰分だけで売上高のほぼ1％になっている」（東北）。「これまでは売上高に対する燃料費の割合が5～6％だった。仕事の内容も変わっているので単純比較はできないが、現在は12～

13％になっている」（中部）。「1年前と比べると燃料は40％ぐらい上がっている。金額にすると月80～100万円増である」（近畿）。

「2020年9月決算期は平均81・252円／ℓだったが21年9月期では平均89・359円／ℓ、21年10月から22年3月の6カ月平均は107・719円／ℓになっている。その後4月9日では112・7円／ℓになった」（四国）。「今年3月決算では前年度と比べて燃料費の支出が4535万円増えた。その結果15年ぶりの赤字決算になった。21年度の燃料価格は平均105円50銭で、それを上回ったのは08年度の105円60銭、13年度の109円40銭の2回だけ。だが、過去2回はいずれも黒字だった。昨年度が赤字になったのは燃料以外にコロナの影響、それに水害がある。また、この間に賃金なども上がっている」（九州）。

ざっと以上のような状況です。

なお、インタンクについて簡単に説明しておきます。インタンクとは大量に軽油を消費する運送会社が自社内に燃料タンクを持っていることをいいます。タンクローリーで運ばれてきて購入するためにスタンド価格より安くなっています。

輸送品目別に見ますと生コンクリート輸送のミキサー車は燃費が悪いです。ある事業者は「10ｔ車で燃費は2㎞／ℓ（普通の10ｔ車の燃費はリッター3・5～4㎞ぐらい）。生コン輸送はＪＩＳ規格で生産から打設まで90分以内となっているので輸送距離は短いが、ミキサーを常時回している。そのため1

台の走行距離は1日100㎞ぐらいだが燃料は1日50ℓぐらい消費する。1日1台当たり1600円のコストアップになっている」（首都圏）といいます。

このように軽油が高騰して、契約時の価格より高くなった分について差額を請求するのが燃料サーチャージです。航空料金では運賃の他に燃料サーチャージを請求するのが当たり前になっています。もちろん燃料サーチャージを取引先に請求しているトラック運送事業者もいます。しかし、トラック運送業界では、取引先とのサーチャージ交渉が難しいという事業者が少なくありません。

9割以上が中小企業のため、多くのトラック運送事業者は燃料サーチャージや運賃値上げなどの交渉力が弱いのが現実です。そこで業界団体の全日本トラック協会では燃料価格高騰対策本部を設置しています。また、日本バス協会や全国ハイヤー・タクシー連合会と連携して、関係省庁や各政党などへの要請活動などに取り組んでいます。

国土交通省でも本省はじめ各地方運輸局、全国の運輸支局内にトラック運送適正取引相談窓口を設けるなど、事業者支援の体制を整えています。

このような運送事業者の窮状に、バスやタクシー事業者も含めて補助金を出す自治体も見られるようになってきました。物流サービスの安定的な確保のためには、運送事業者の健全な経営の維持が前提になるからです。

もう一つのエネルギーコスト転嫁問題（冷蔵倉庫などの電気料金高騰）

近年の夏は厳しい猛暑が続きます。熱中症にならないためにもクーラーで室内の温度を調整する必要があります。しかし、電気料金の高騰で支払いが心配という人も少なくありません。

電気料金上昇の理由は皆さんご承知の通りです。ここでは電気料金高騰が物流面に及ぼしている影響として、冷凍食品など温度管理が必要な商品を取り扱っている冷凍冷蔵倉庫や物流センターを見ることにします。

商品によって求められる温度帯が違いますが、その温度を保って一定期間保管したり、あるいはオーダーに基づいて商品を揃えて納品先ごとに仕分けをし、検品をして出荷するといった、これら一連の作業は、冷凍機によって温度を保ちながら行っています。

輸送や配送も冷凍冷蔵車で温度コントロールしながら運びますが、トラックに搭載されている冷凍機はほとんどが車のエンジンに直結しているので軽油が燃料です。そのため冷凍冷蔵車は一般のトラックより燃料を多く消費します。さらに冷凍輸送事業者にとっては軽油価格の高騰だけでなく、倉庫や物流センターにおける冷凍機用の電気料金高騰も経営に大きな影響を及ぼしています。

日本冷凍食品協会の資料によりますと、２０２１年の国内生産は１５９万６２１４ｔで、前年比２・９％の増でした。コロナの影響があるのではないかと思われますが、数量ベースで僅かながら家庭用が業務用を初めて上回りました（金額ベースでは2年連続）。

同協会では、冷凍食品国内生産量と、冷凍野菜輸入量および調理冷凍食品輸入量の合計を冷凍食品の国内消費量としています。それによりますと２０２１年の冷凍食品国内消費量は２９０万４７４６ｔで、前年比２・３％増です。これを国民1人当たりに換算しますと23・1キログラムの消費量になります。ただし、調理冷凍食品の輸入量は同協会員だけを対象にした調査ですから、会員以外の輸入量を加えると２９０万ｔを上回るとしています。

これだけの冷凍食品を冷凍冷蔵倉庫で保管したり、冷凍冷蔵の物流センターで保管や出荷作業などを行い、小売店などに輸配送しているのが冷凍冷蔵倉庫会社や冷凍冷蔵輸送事業者です。商品によって求められる温度には差がありますが、倉庫や物流センターでは冷凍機によって温度を保って品質管理をしています。ところが、この冷凍機に使用する電気料金が高騰して事業者の経営を圧迫しているのです。

そのような中で日本冷蔵倉庫協会は２０２２年6月24日、「電気料金高騰に伴う倉庫料金に関するお願い」という文書をホームページにＵＰしました。

「お願い」によると「燃料調整額の上昇、再生可能エネルギー発電促進賦課金の増額」やその他の理由によって「新電力を含む各電力会社が電気料金プランを見直したことにより」電気料金の値上げが相次いでいるとしています。その結果、冷蔵倉庫業界における「支払い電力料金の上昇分は前年比で30％を超えたと推定され」、さらに「個々の事業者によっては50％超の値上がりになっている」といったケースもあるようです。

いずれにしても電気料金が高騰している状況は分かります。しかし30％と50％ではかなりの開きがあるのはなぜでしょう。

第1には業務用の電力契約は内容が複雑なことです。電力供給側にはエリア電力会社と新電力会社があります。両者とも契約は基本料金と使用料金が基本です。さらに使用料金には燃料調整費（電力会社の燃料価格の変動を反映）や時間帯割引その他があります。

第2は電力需要側の物流事業者の設備条件（冷凍機使用環境）が様々なことです。保管型の冷凍冷蔵倉庫の場合には一定条件で保管する期間が長いので倉庫のドアの開閉なども少ないです。しかし、物流センターではドアの開閉頻度も多く、荷物の移動も頻繁に行われるので外気温が入ってくるために、同じ温度を保つには冷凍機の温度を低く設定しなければなりません。

また、取り扱っている商品によって求められる温度が違います。低い温度が必要な商品はそれだけ多くの電力を使うことになります。さらに、新しい冷凍機ほど省エネタイプになっているので、なかなか平均的な電気使用量は算出できないのです。

このようなことから事業者によって、また同じ事業者でも施設によって電力消費量が全く違ってきます。それでもあえて目安を示すなら、「電気料金が値上がりする以前で、冷蔵倉庫のコストの10％前後が電気料金」でした。そこから30～50％の値上がりとしますと、電気料金が現在（２０２０年7月）は冷蔵倉庫のコストの13～15％を占めていることになります。

ある事業者は「半固定契約になっているので火力発電の燃料調整費がハッキリは出せないが、昨年（2021年）同月では2割ぐらい高くなっている」。また別の事業者は「各センターによって異なるが全体平均では、昨年（2021年）6月と今年6月を比較すると36・9％アップになっている。昨年の第1四半期（4～6月）と今年の第1四半期を見ると40・7％アップ」といいます。なおこの事業者は、売上対比の電気料金の構成比が「昨年6月単月が4・8％、今年6月単月は6・0％まで上昇」していま す。

電気料金の高騰を保管料に占めるコスト比率で示した事業者は「荷主との契約には保管料、荷役作業料、輸配送料がある。このうち現在の電気料コストは保管料の20％を占めている。1年前には12、13％だったので大幅アップだ」といいます。

2022年4月から電気料金が新規契約になったという事業者がいます。4月からの契約改定で、全国の施設を平均しますと「全体的に見ると前年5月と今年5月では55％のアップになっている」そうで す。

もちろん、コストダウンの努力をしています。

たとえば、消費電力量を計画的にコントロールし、30分単位で消費平均値を出して最大電気消費量（上限）で料金が違ってくるデマンドコントロール契約をしている事業者は、電力量の監視や調整を通して料金節約に努めています。

また、電力需要の少ない夜間は料金が安くなる契約が普通です。ある事業者は「電気料金の安い夜間に電気を使うようにしている。定期的に冷凍機の霜取りをしなければならないが、そのための加温に多量の電気を消費する。そこで霜取りは夜間にするようにしている」と言います。

取扱商品によって保管する温度帯が違い、低温になるほど電力消費は多くなります。たとえば、ある事業者は「200坪の冷凍倉庫で－20℃から－25℃に温度を下げると、電気料金が月に30万円から50万円違ってくる」といいます。30万円と50万円では差が大きいですが、夏場と冬場では外気温が違うため冷凍機の電気使用量に差があるからです。

そこである事業者は「電気使用量が安い夜間に冷やし込んでおく」という方法を採っています。たとえば－25℃が求められている商品の場合、電気料金の安い時間帯に－26℃や－27℃ぐらいまで、商品品質に問題ない範囲内で冷やし込んでおくのです。そして電気料金の高い時間帯に冷凍機の設定を緩めても－25℃が保てるようにコントロールするのです。

しかし、このようなコスト削減の様々な努力にも限度があります。そこで取引先との料金改定が大きな課題になっています。

8 取引企業がトラックドライバーの労働条件改善を阻害している

高速道路料金割引制度もインター入口での待機要因に

時々、高速道路の入り口の手前に大型トラックが列をなして止まっているのをテレビ番組などが取り上げることがあります。ドライバーは好きで止まっているわけではありません。高速料金には大口多頻度割引などがありますが、時間帯による割引もあります。この「深夜割引」が適用になる時間を待っているのです。

深夜0時から午前4時の利用なら割引率が大きいので、トラック運送業界では一般的に「深夜割引」と呼んでいます。その「深夜割引」が適用になる午前0時になるのを、インターの入り口の手前で待っているのです。ある意味では時間帯割引制度の負の側面ということができるでしょう。

もちろん、深夜の大幅な割引自体がいけないわけではありません。ただ、時間帯による割引では、割引が適用になる時間帯だけ利用する、という問題点があるのです。

たとえば九州南部から首都圏の市場に青果物を運ぶ場合を見ましょう。九州から首都圏の市場へのトラック輸送では、陸路を全部トラックで走ってくることもできます。あるいは途中でフェリーを利用することでドライバーの労働時間を短縮することができます。トラックドライバーの場合には、フェリーに乗船している時間は原則として休息扱いになるからです。

ですが、高速道路の「深夜割引」がフェリー利用で短縮した労働時間や拘束時間を逆に延長させるように作用することもあり得るのです。たとえば大分港（大分県）～清水港（静岡県）のRORO船の場合です。

RORO船とはロールオン・ロールオフという意味で、フェリーとは異なるのですが、実質的にはトレーラのシャーシ（被けん引車）の無人航送を主にしたフェリーと考えて良いでしょう。有人の長距離トラックも運びますが、フェリーと違って旅客定員は12人だけですから、トレーラではない普通のトラック（有人車）で利用する場合には、ドライバーの乗船枠に限度があり、定員をオーバーすると利用できないことになってしまいます。

本題に戻りますと、大分港～清水港のRORO船の場合、大分港を出港するのが23時です。そして清水港について下船すると翌日の19時です。この間の20時間がトラックドライバーにとっては連続休息時間ということになるので、労働時間や拘束時間の短縮を実現することになります。

しかし、詳しくは後述しますが農産物の場合では「3日目販売」のために、東京の大田市場に21時50

分に着かなければなりません。当然、清水から首都圏まで高速道路を使わなければなりませんが、19時に清水に上陸してすぐに高速道路に乗ったのでは高速料金の深夜割引が適用にならないのです。その差額があまりにも大きいために（フェリー料金なども含めて）、実質的には大分港～清水港のＲＯＲＯ船が利用できない、といった現実があります。

ドライバーも「深夜割引」などが適用になる時間まで路上待機などをするのではなく、本当はもっと早く高速道路に乗って目的地に走りたいはずです。到着時間まで時間的に余裕があれば走行速度をセーブするなど安全運転ができます。また、精神的に余裕を持って運転すれば、精神的疲労も少なくなります。さらに午前0時まで待っているという無駄な時間を過ごす必要がありませんから、労働時間短縮にもつながります。

そのようなことから高速道路の深夜割引制度には、長時間労働（長時間待機）や安全運転、高速入り口付近での待機による他の車両への迷惑、夏や冬には冷房や暖房のためにエンジンをかけて燃料を消費してCO_2を排出するなど、社会的な問題点もあります。

そこで、一定の利用要件を満たした営業用トラックなら、時間帯に拘わらず大幅な割引が可能になるような制度の導入が求められます。高速道路の割引制度の再検討もドライバーの労働時間短縮には必要です。

次に、ドライバーの労働時間短縮や労働条件の改善を阻害しているような悪しき商慣習などを見ていきましょう。

自然災害が予想される中でも「行け」という取引先も

最近は集中豪雨による災害が頻発するようになりました。地球温暖化の影響なのでしょうが、毎年、日本列島のどこかが大きな被害に見舞われます。特に豪雨による川の氾濫などによって、広域にわたって多くの方が被災することが珍しくなくなりました。

集中豪雨などによって、多くの箇所で道路や鉄道などが寸断され、インフラにも大きな被害がでています。橋の陥落や崖崩れによる道路の寸断などは、トラック運送にも影響がでて、被災地の人々の生活に必要な物資を供給できなくなることもあります。

トラック運送でもう一つ大きな課題は、ドライバーの身の安全をどのように確保するか、という点です。

自然災害が予想されるような時に問題になるのが、悪天候の中でも取引先から「行け」と強要されるようなケースがあることです。トラック運送事業者は自社のドライバーが危険に遭遇する可能性があっても、取引先の強要でトラックを走らせなければならないような場合があるのです。これは取引先の横暴ともいうべきものですが、実際の現場では「当たり前」のように行われています。ドライバーの安全の確保よりも、ほとんどのケースは取引先の担当者が「自己保身」を優先することによるものです。

しかし最近のように自然災害が頻発するようになってきますと、「発荷主や着荷主との関係で、今後、解決しなければならない業務遂行上の様々な課題が浮き彫りになってきた」のです。

このように書くと多くの方々は不思議に思われるでしょう。たとえばご自身の経験として、台風接近時などに出張などをしなければならないとします。しかし、航空会社は気象条件の悪い航路では多くの便を欠航にするはずです。また、鉄道各社も大きな被害が予想される路線では、運休や減便などを事前に発表するようになっています。これはバスも同様です。

なぜ運輸各社が自社の判断で欠航や運休などを決めるのでしょう。それは万が一事故でも起こしたら大変な事態を招くことになるからです。旅客輸送の公共交通機関は人命にも関わりますので社会的責任も大きいのです。

それに対してトラック輸送はどうでしょう。ある事業者は台風が接近している日に、「どうしても届けろという荷主が1社あり（荷主企業の実名を挙げて）、悪天候の中を走らせた車両があった。だが、納品先の中には臨時休業していてシャッターを閉めているところもあり、商品を持ち帰ったケースがある」といいます。

一方、「当社は自社の判断で悪天候が予想される地域は全部ストップする」という事業者もいます。後者は「契約書で明文化している」のだといいます。

このように具体的な対応は各社それぞれで違いがありますが、「航空会社や鉄道会社とトラック運送事業者では大きな違いだ」という点で、トラック運送事業者の認識は一致しています。そして、トラック運送事業者と航空会社や鉄道会社のこの差はどこにあるのだろうかということになります。

これは「運行管理者」の責任と権限という問題にも関連してきます。取引先の都合で強要されて無理に運行し、もしドライバーが被災するような事態が発生したら、その責任は誰にあるのかという問題でもあります。運行管理者や経営者に責任があることは間違いありません。しかし、問題は業務遂行を強要した取引先の責任や関係です。

そこで運行管理権の明確化と社会的認知が必要になってきます。

そのようなこともあって国土交通省では、２０２０年２月に「輸送の安全を確保するための措置を講じる目安の設定」を通達しました。

この通達では、降雨量や風速などの各段階に応じて、①輸送の安全を確保するための措置を講じる必要、②輸送を中止することも検討、③輸送することは適切ではない、といった目安を示しています。さらに、降雪時や視界不良時、警報発表時などについても判断の目安が示されました。

しかし「異常気象時などにおける判断の目安は、この通達だけでは充分とはいえない。社内でより具体的に目安を設定し、取引先と合意することが重要だ」という事業者がいます。また、発荷主だけでなく、着荷主との間でも確認しておかなければなりません。

たとえば、出発前のどの時点で運行中止を判断したかです。台風では発表される進路予想などに基づいて24時間以上前に運行中止を判断できることがあります。だが、出発時間の直前まで運行中止を判断できないケースもあります。あるいは最近頻発している突発的な集中豪雨による水害などでは、出発時は平常でも、出発後に運行中止を判断して、途中から引き返させなければならないケースもあるのです。

このように、事前の運行中止でも、出発予定の何時間前に判断するかでキャンセル料金の発生の有無や金額が違ってきます。また、出発直前の運行中止と、運行の途中から引き返させるのではキャンセル料金が違います。荷物によっては廃棄コストの負担者なども確認しておかなければなりません。

さらに時間の概念を導入することも重要です。たとえば平常時でも原則的な1日の最大拘束時間である13時間をかろうじてクリアしているような運行実態もあります。すると、通達の目安では「輸送の安全を確保するための措置を講じる必要」のレベルであっても、13時間以内に帰社できない可能性が高いようなケースでは「輸送することが適切ではない」と判断すべきでしょう。このように通達はあくまで「目安」であって、実際にはケースバイケースでの判断が必要になります。

いずれにしても取引先と契約書あるいは覚書などで、想定されるケースごとの判断基準やキャンセル料、商品廃棄になった場合の費用負担などを書面化することが必要です。

それでも「行け」と強要するような取引先があることも事実です。このような悪しき商慣習もドライバーの労働条件改善の阻害要因になっています。

理不尽な「破損」扱い

悪しき商慣習ということでいいますと、一般の人たちには理解できないような理不尽なことが、トラック運送業界にはごく「普通」にたくさん転がっています。その一つが商品（荷物）の「破損」についての解釈と責任問題です。

一般論として分かりやすい事例を挙げます。ある中小トラック運送事業者がドライ（常温）の食品を運んでいるとします。たとえば24個の食品が一つの段ボール箱に入っていて、段ボール箱の単位で問屋から小売店に販売されています。それを運んでいるのがトラック運送事業者です。取引先である問屋の倉庫から商品を積み込んで、複数の小売店の店舗に配送しています。

ところが積込み作業や配送途中で、その中の1箱が少しへこんで傷ができてしまいました。段ボールの箱に傷ができただけで中身の商品は何も問題ありません。ところが、取引先の問屋では、そのような場合でも商品の「破損」として持ち帰るようにと言っています。中身の商品は何でもないのですが、外箱の段ボールが傷ついただけで「破損」扱いにされるのです。段ボールに傷どころか、段ボール箱に印刷してある商品名などがこすれただけでも「破損」扱いにするような荷主すらあります。

中の商品は無傷でも段ボール箱が傷ついただけで「破損」扱いする荷主の言い分の一つは、「段ボール箱（この場合は2ダース入り）ごと販売することもあるので、段ボール箱自体も商品だ」というものです。しかし中身を1個単位で売るなら、段ボール箱は包装機材に過ぎません。

ともかく、ドライバーの荷扱いによって「破損」とされました。事業者側は弁償金を払わされます。弁償金とは別にペナルティを取られるケースもあります。

ペナルティはともかく、事業者は「破損」した商品を弁償しました。そこで、中身は何でもありませんから、その商品（24個入りの段ボール1箱）を会社に持ち帰って、社員に分けて食べさせようと考えました。

ところが取引先の問屋からは「ダメ」と言われてしまいました。傷ついたのは外箱の段ボールだけで中身は問題ありませんし、ドライの商品ですから消費期限もまだ長く残っています。しかし、取引先が「ダメ」という理由は、一度「破損」扱いにした商品ですから、もしそれを運送会社の社員が食べて、万が一、食中毒でも起こしたら誰が責任を取るのか、というものでした。

そのため弁償したにも関わらず、「破損」した商品はトラック運送事業者には渡されませんでした。それでは、その「破損」した商品はどうするのでしょうか。もし、ほんとうに「破損」品として廃棄処分にするなら、食品ロスや環境などの面から見ても問題ありです。

もう一つ考えられるのは、中身は何でもないのですから、外箱の段ボールだけを新しいのに替えて、中身はそのまま再出荷したとします。その場合は、事業者に弁償させた金額はまる儲けということになってしまいます。

これは一つの事例に過ぎません。実は、このような理不尽なことが、トラック運送事業者と一部の荷主企業の間では、当たり前のように起こっているのです。

そのような中で、トラックドライバーは常識を超えた荷扱いに気を遣い、それが精神的な疲労や過重労働になっているのです。

タダ扱いにされている待機時間（青果市場の例）

理不尽な取引という点では、ドライバーに長時間の待機をさせる取引先があることです。

ここでは九州のある県から首都圏の市場に運ばれる野菜の長距離輸送の事例から、長時間待機の実態を見ることにしましょう。

この県には県経済連や経済連指定の運送事業者、県下の単協（農協）、県や学識経験者などで構成する青果物の輸送改善を目的にした協議会があります。

そして、これまでにも、①フェリーやＲＯＲＯ船を活用した輸送モデルの実証実験、②ＪＲコンテナを活用した輸送モデルの実証実験、③消費地に近い地点（神奈川県平塚市）の中継基地を利用した輸送の実証実験、④地元県内の南部の施設を利用した積み合わせ輸送の実証実験、⑤パレット利用による荷物の積み下ろしの実証実験、⑥通常より1日遅い出荷後4日目販売の実証実験、⑦県内に中継基地を設けて積み合わせ輸送をする実証実験、などを行ってきました。

そのような取り組みの一環として、首都圏エリアの各市場における待機時間の実態調査なども実施しました。２０１９年10月～２０２１年６月の首都圏全市場（延べ91市場）における調査数１万８９７２回という膨大なサンプルをもとに到着時間、荷下ろし着手時間、荷下ろし終了時間などを集計しています。この「卸売市場での待ち時間調査の結果」をもとに首都圏の青果物市場における待機時間の実態を見ることにしましょう。

その前に、市場と青果物輸送についての基本的関係を確認しておきます。市場は水曜日はセリが休みです。それ以外の曜日は毎日朝6時からセリが始まります。基本的にはこのセリが始まる時間までに青果物を届ける、ということになっています。ただし、水曜日も市場では荷受けをしています。

首都圏の市場への輸送では、1日目は農家が青果物を収穫し、運送事業者はそれを積んで出発します。途中で休息をとり2日目の夕方に都内や神奈川県内の市場に着いて荷物を下ろし、次に2番目の市場に回って荷物を下ろし、さらに3番目の市場に届けるという3カ所下ろしのケースが多いです。ドライバーはその後、最寄りのＳＡ（サービスエリア）やＰＡ（パーキングエリア）などで休息をとるというパターンです。

最後の市場に下ろすのは２日目の深夜で、翌日６時のセリに間に合わせます。つまり、青果物は収穫されてから３日目の販売となります。

ただし、九州から関西の市場では２日目販売です。反対に、東北から首都圏市場では２日目販売で、関西市場は３日目販売になります。

しかし、実際にセリに出される青果物は少ないようです。産地の選果場で等級別の出荷数が分かった時点で、セリよりも前に売買契約ができてしまうからです。しかし、市場に関する法律で１００％の前売りはダメとされています。そのためごく一部（10％にも満たない）だけをセリに出しています。

このようなことから、収穫日の朝９時には野菜や果物など青果物の90％は市場別に届け先が分かっています。荷物が届く前にほとんどが売れているのです。逆に、すでに売れているために到着を遅らせるわけにはいかない、というプレッシャーもあります。

一方、市場ではセリが休みの水曜日も含めて、24時間体制で荷物を受け入れてくれるような体制になっています。

そこで、首都圏にある３カ所の市場が届け先の場合の運行モデルを見ましょう。改善基準告示（１日13時間拘束）を順守すると次のようになります。

1日目 11:10　出発前点検・点呼

↓（10km　20分）

選果場（積込み1時間）

↓

12:40　出発

↓（15km　30分）

地元のIC

↓（746km　10時間57分）
防府付近（30分休憩）　岡山付近（30分休憩）

24:10　終業　草津付近（連続11時間休息）

〈1日目拘束12時間47分〉

2日目 11:10　始業

↓（421km　6時間07分）
清水付近（30分休憩）

東京IC

↓（23km　28分）

首都高速

↓（5km　15分）

18:00　大田市場（荷下ろし1時間）

↓

19:30　築地市場（荷下ろし1時間）

↓

21:00　新宿市場（荷下ろし1時間）

↓（50km 1時間30分）

23:30　終業（最寄りのSAまたはPAで連続11時間休息）

〈2日目拘束11時間20分〉

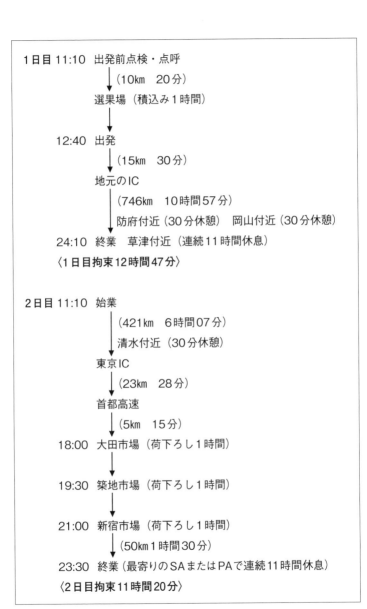

複数カ所納品が一般的になっていますので、このモデルケースで見ますと、最終の荷下ろし先に間に合わせるには、最初の市場到着を2日目の18時にしなければなりません。そこから逆算しますと、産地の選果場を正午過ぎ（12時40分）には出発しなければならないわけです。しかし、実際には正午過ぎに出発できる車両は僅かです。現実の運行にはかなりのムリがあるのが実態なのです。

このような中で同協議会では2019年10月から2021年6月までの間に、延べ91市場で1万8972回の調査を行いました。到着時間、荷下ろし着手時間、荷下ろし終了時間などについての調査です。その結果、市場での待機時間は全市場（延べ91市場）では30分未満が91・9％、30分から1時間未満が4・6％、1時間から2時間未満が2・2％、2時間から3時間未満が0・8％、3時間から4時間未満が0・3％、4時間以上が0・2％となっています。

1時間以上を合計しますと3・5％あります。これをどうすれば短縮できるかというのが課題です。だが、そのような中でごく少数ですが特定の青果市場は待機時間が長いという結果が出ています。運送会社やドライバーからすると「大いに問題あり」の市場です。

問題のある東京都下のある市場を、かりにA青果市場として、A青果市場における待機時間の調査結果を見ますと（調査回数453回）、30分未満は53・9％、30分から1時間未満が13・9％、1時間から2時間未満が15・5％、2時間から3時間未満が9・3％、3時間から4時間未満が4・4％、4時間以上が3・1％となっています。

実に32・3％が1時間以上の待機時間なのです。ほぼ3分の1が1時間以上の待機時間で、さらに3時間以上の待機時間が7・5％もあるという結果です。まさにドライバー泣かせの青果市場といっても良いでしょう。九州の他の県で青果物輸送をしている事業者の何人かに聞きましても、このA青果市場の「悪名」は高く、長時間待機で知られています。

このA青果市場の待機時間の特徴をもう少し詳しく見ましょう。A青果市場における1時間以上の待機時間をトラックの到着時間帯別に見ると、9時15分から12時着の場合、1時間から2時間未満が75％で、2時間から3時間未満が25％です。3時間以上の待機はないという結果です。

だが酷いのは18時から24時到着のトラックの待ち時間です。18時から21時の到着では、1時間から2時間未満の待機時間が39％、2時間から3時間未満が27％、3時間から4時間未満が21％、4時間以上が12％です。さらに21時から24時の到着では、1時間以上2時間未満が36％、2時間から3時間未満が32％、3時間から4時間未満が9％、4時間以上が23％という結果になっています。20％以上のトラックが待ち時間4時間以上になっていますが、これは深夜だからというわけでもなさそうです。というのは0時から4時までに到着したトラックでは3時間以上の待機はゼロという結果になっているからです。

また、曜日別では水曜日到着のトラックは100％が1時間から2時間未満の待機時間となっています。これは水曜日がセリの休みの日になっているからと思われます。

この待機時間の長さの原因はいくつかあるようです。「リフトマンが少ないこと。また、バースごとに受けつける荷種を固定化し、積み合わせている中で一番多い荷種のバースで全部の荷物を受けつけるようにしている。そのため空いているバースがあっても少ない荷種のバースでは受けないという縦割りになっているからである」。しかも「販売担当の人は荷受けの現場で起きている実態を知らない」といいます。

このようにドライバーに長時間の待機を強いておきながら、その時間に対する対価はゼロです。ドライバーの労働時間短縮を阻害している悪しき商慣習にメスを入れない限り、「2024年問題」の本当の意味での解決にはなりません。

悪しき商慣習（加工食品のリードタイム）

トラックドライバーの労働時間短縮の影響が出てくるのは1次産業だけではありません。暮らしと生活に関連している商品だけでも衣食住の全般にわたります。とりわけ日々の国民生活に直結するのは食の供給体制です。今度は加工食品メーカーや食品問屋の動きを見てみましょう。

加工食品のメーカーや食品問屋の間では、商慣習の見直しも含めて、次のようなテーマを掲げて取り組みを進めています。

（1）メーカーに向けて＝受注締め時間の後ろ倒し（第1ステップを13時とし、15時までの後ろ倒しの可能性の追求）、

（2）卸業に向けて＝メーカーへの発注のＥＤＩ化や緊急対応時の負荷業務の抑制、および需要予測の精度向上と在庫リスクへの柔軟な対応、

（3）小売業に向けて＝特売品や新商品の適正リードタイム化や追加発注の抑制、定番商品の発注締め時間の前倒し、納品期限の統一化（賞味期間180日以上の全商品で、メーカーや卸から小売りへの納品では賞味期間2分の1残余を業界標準にする）

などです。

ここからも分かりますように、加工食品メーカーと食品問屋では共通認識を持って、協力して物流改善に向けた取り組みをしています。そして、この歩みをさらに進めたいという考えを持っています。また、リードタイムに限らず、その他の課題についても小売業を含むサプライチェーン全体で取り組むことが不可欠、といった意識を持っています。

このように加工食品業界では、加工食品メーカーと食品問屋が協力をして、トラックドライバーの労働条件の改善を推進しつつ、持続可能な物流システムの構築に向けた取り組みを進めています。

その一つがメーカーから問屋への翌日納品を翌々日納品にする取り組みです。また、物流共同化とそれに伴う規格の統一化も課題として取り組んでいます。これらは他の業種と比べて、進んだ試みとして

注目されています。

この背景にはトラック運送業界の「2024年問題」があります。「2024年問題」をクリアするには、トラックドライバーの労働条件を改善して短時間で同一労働ができるように生産性を向上する必要があります。それでも生産性が追いつかない部分は、ドライバーの人数を増やすことで労働時間をシェアするようにしなければなりません。

しかし、生産年齢人口の減少が進む中でドライバー志望者を増やすことは容易ではありません。そこで現在の商取引慣習や物流の仕組みのままでは「運べなくなってしまう。お客様に商品をお届けできなくなる日は目前に迫っている」という危機意識が加工食品メーカーや食品問屋の共通認識になっているのです。

実は、物流業界関係者の一部からは「嫌われる加工食品物流」といわれています。その理由は、長時間待機、付帯作業、夜間作業、短いリードタイム、多頻度検品、非効率で不合理な商習慣、小ロット多品種多頻度納品などが、トラックドライバーの過重な負担になっているからにほかなりません。

そこで加工食品メーカーや食品問屋では、この間、様々な取り組みを進めてきました。先述したように2015年からは味の素、カゴメ、ハウス食品グループ本社、日清フーズ、日清オイリオグループ、ミツカンの6社によるによるプロジェクトを立ち上げ、16年から北海道で、19年からは九州で共同配送をスタートしたのもその一つです。さらに伝票の統一、庭先条件の統一、標準化KPI（重要業績評価指標）、共同輸送なども進めてきました。2016年にはキユーピーとキッコーマン食品が加わり8社でSBM会議（食品物流未来推進会議）を発足し、外箱表示統一化、賞味期限「年月」表示化と2分の1ルール、フォークリフト作業の安全確保、リードタイム延長、付帯作業や長時間待機などのテーマに取り組んできました。さらに2018年にはサプライチェーン全体での解決に向けて製配販の民間各社に経産省、国交省、農水省その他の関係者も参加して持続可能な加工食品物流検討会も立ち上げたのです。

このように円滑に消費者に加工食品を届けるには、持続可能な加工食品物流の構築が急務になっています。しかし、サプライチェーンの中で重要な役割を担っている小売業はメーカーや問屋と比べると温度差がある感じがします。率直にいいますとメーカーや卸に比べて小売業は、持続可能な物流システム構築への認識が相対的に弱い感がありました。ここ1年前ぐらいから前向きになってきたようです。

その一つが翌日納品から翌々日納品への移行です。リードタイムを延長して受注日の翌々日納品にすれば、トラックドライバーをはじめとする物流業務従事者の労働環境の改善につながります。また深夜作業が削減でき、計画的な人員の手配なども可能になります。「追いかけられる物流」から「先を見た計画物流」にすることができます。

しかし、このリードタイムの延長に消極的な一部の小売業もいます。その理由としては「消費者ニーズ」を挙げます。ですが翌日納品から翌々日納品にリードタイムを1日伸ばしても消費者にとって問題になるようなことはさほどないはずです。

このような商慣習を変えるには消費者の理解と支持が不可欠です。

悪しき商慣習（加工食品の3分の1ルール）

加工食品などの物流ではリードタイムの延長にも関連して、「3分の1ルール」から「2分の1ルール」へというテーマがあります。

最初に2分の1ルールについて簡単に説明しておきましょう。これは消費者の皆さんにも関わってきます。

これまでは3分の1ルールという日本独自の商慣習がありました。たとえば賞味期限が製造後6カ月を前提にしますと、最初の3分の1（製造後2カ月以内）に小売店に納品します。小売店では次の3分の2以内（製造後6カ月以内）に販売します。これで、商品を購入した消費者には賞味期限が最低4カ月（最後の3分の2）となるわけです。

この3分の1ルールでは、賞味期限を6カ月とした場合、メーカーが製造してから2カ月以内に小売店まで納入できなければ、賞味期限があと4カ月弱残っていても廃棄処分にします。また、小売店では製造後5カ月が過ぎた商品は、賞味期限が1カ月（半月の店もあります）残っていても「見切りロス」

と呼ばれる値引き販売をします。

それに対して2分の1ルールでは、賞味期限を製造からの6カ月としますと、メーカーや問屋から小売店に納品するのが3カ月以内となります。そして小売店では製造後6カ月以内に消費者に販売します。それだけ、各段階での廃棄ロスが少なくなります。

この2分の1ルールへの変更のような物流の課題解決には長年の商慣習の見直しや、広く消費者の理解と協力が必要になってきます。先述したように翌日納品から翌々日納品への転換や、3分の1ルールから2分の1ルールへの転換のような問題は、消費者の理解と支持が進めば、一部の小売業の認識も自ずと変わらざるを得ないからです。するとトラックドライバーの労働時間短縮や過重労働の緩和など持続可能な加工食品の物流システム構築がいっそう促進できることになります。さらに廃棄ロス削減などは環境保全にもつながってきます。

2022年9月に農水大臣は「食品製造流通事業者の皆様へ～期限内食品はすべて消費者へ」というメッセージを発しました。メッセージでは「食品原材料価格が高騰する中、コストの削減と値上げ幅の緩和を図っていくためには、期限内食品を消費者に売り切っていくこと」としています。具体的には、①食品小売・卸売業者には、3分の1ルールをすぐに緩和すること、②食品製造事業者には、賞味期限が3か月を超えるものは「年月日」表示から「年月」表示にすること――などを求めています。

このようなことからも「2024年問題」は日本社会全体の問題として取り組んでいくことが必要で

す。

国土交通省だけではなく、経済産業省、農林水産省、厚生労働省、消費者庁、公正取引委員会など関係各省が協力してトラック運送事業者の働き方改革を後押ししているのは、この問題が国民的課題であることを証明しています。

荷物を出す発荷主、荷物を受け取る着荷主も「２０２４年問題」に高い関心を示しているのは、そのような問題意識の現れといえます。

9 トラック運送事業者の側にも労働条件改善を阻害する要因がある

取引先に対する過度な「忖度」

トラック運送事業者やドライバーに対する、取引先の理不尽さの一端を見ました。しかし、トラック運送事業者の側にもドライバーの労働条件の改善を阻害するような要因がないわけではありません。

その一つが経営者の姿勢です。

しばしば一部のトラック運送会社の社長から、「我われは社会的に重要な役割を担っているのだから自分たちの仕事に誇りを持つようにと、従業員には常々言っている」、といった話を聞きます。それ自体は正論です。

しかし、このように言っている経営者の中には、取引先の担当者の前ではひたすら平身低頭という形容が当てはまるような人が少なからずいます。そして、同業者などの集まりでは「運賃が安い」といった発言を大きな声でしています。その発言をそのまま取引先に言えば良いものを、このような経営者に限って、取引先の担当者の前では「おべんちゃら」を言ってご機嫌うかがいをしていることが多いのです。もう少し格好よく表現するなら、取引先に「忖度」ばかりしているといえます。

そのような姿を偶然に目にするようなことがしばしばあります。自分の職業、仕事に誇りを持っている経営者の姿勢とはとても思えません。このような経営者に限って、「従業員には誇りを持てと言っている」という人が多いのです。

従業員に「自分の仕事に誇りを持て」という前に、自分自身が誇りを持つことが先でしょう。取引先の担当者には「忖度」ばかりで、正当な主張もできないのでは、「職業に誇り」を持っているとはとてもいえません。

そのような経営者の背中を従業員はよく見ています。

一方、従業員には「自分の仕事に誇りを持て」などとは言わない経営者もいます。このような経営者は取引先に対しても、事業者として当然で正当な主張をします。取引条件の改善や適正な運賃・料金への改善要求などを、データ的な裏づけをもって交渉します。

ある中小事業者（保有台数20台規模）は、可能な限り積込みや荷下ろしの現場に赴き、現場の実態を見ながらドライバーの話を聞くようにしています。現場で聞いた話や自分で見た状況、場合によっては現場の写真を撮って、それらを事務所のパソコンにスマホからメール送信します。パソコンに送信した写真や現場でドライバーから聞いた話、自分自身が見た現場の状況などを整理して、取引先の担当者に会う時にはパソコンを持参してそれを見ながら具体的に現場の改善点などを要請しています。

この事業者ではドライバーが辞めませんが、それでも個人的な都合で辞めるような場合には、「最初に自分に声をかけてください」と他社のドライバーからすでに「予約」が数件入っています。

いずれにしましても、事業者側としての正当な要求はためらうことなく取引先に要請する。そうすることがドライバーをはじめ自社の従業員に対する経営者としての責任だからです。そのような経営者の後ろ姿を従業員は良く見ています。ですから、あえて「自分の仕事に誇りを持て」といったことを従業員にいう必要がないのです。

従業員の姿は、経営者を等身大に映し出している鏡なのです。

同業者間取引の方が理不尽な実態

中小のトラック運送事業者の取引先には製造業や流通業、その他、荷物の運送を委託する取引先いわゆる荷主企業と、同業者の元請事業者の2つがあります。トラック運送業界は多層構造の取引が多く、中には6次下請け、7次下請けといった取引構造もあります。

もちろん多層構造自体が必ずしも悪いわけではありません。フォワーダーとキャリアといった水平関係の取引関係なら、社会的な役割分担という点でも、いわゆる「餅は餅屋」でより良いサービスを取引先に提供することになります。

ですがトラック運送業界で問題なのは多層構造が水平関係ではなく、上下関係になっていることです。なぜ、縦構造の取引なのかといいますと、ほとんどのトラック運送業務は他社とのサービス品質による差別化がなく、コモディティ化しているからです。コモディティ化は価格競争しか他社との違いがないために、より安く仕事を獲る、という競争原理が働きます。

1990年12月に施行された「物流2法」で規制緩和されて事業者数が増加しました。しかし、新規参入した事業者が製造業や流通業などを取引先として開拓するのは難しく、そのほとんどが同業者の下請に組み込まれました。そのため、元請事業者にとっては「この金額で請けられないなら、(下請の)事業者はいくらでもいる」と安い運賃で下請事業者を使えるようになったのです。

製造業などでも多層構造はありますが、トラック運送業の多層構造と決定的に違う点があります。それは品質です。製造業ではアッセンブリメーカーが部品の下請事業者に仕事を出します。下請事業者はメーカーが示したスペックに基づいて部品を製造します。不良品が多い下請にはおのずと仕事が行かなくなります。孫請け、ひ孫請けも同様です。つまり市場原理が働いて、「品質」によって淘汰されるのです。

しかし、トラック運送業界ではサービスの差別化（品質）があまりないので、品質による淘汰作用があまり働かないのです。そこで客観的品質としてGマーク（安全性優良事業所）制度などが導入されましたが、多層構造の取引の中では客観的品質よりも廉価で仕事を請けるかどうかが優先されています。

このようなことから、同業者間での取引の方が一般的に理不尽な条件の取引を強要されているという実態があります。たとえばこの間の軽油価格の高騰で燃料サーチャージの導入が求められていますが、荷主企業よりも同業者の元請事業者の方が燃料サーチャージを認めない傾向が強い実態があります。

つまり、ドライバーの労働時間短縮や労働条件の改善に対する取り組みを阻害しているのは、経営者自身の認識と姿勢、同業者の元請事業者の高圧的な姿勢なども大きな要因になっているのが実態です。

なぜ荷主企業より元請事業者の方が価格転嫁などに応じないのでしょうか。自社の社員の労働時間短縮などを進めるために、長時間労働が必要になるような割の合わない仕事を下請事業者に安く回しているからです。つまり、下請事業者に割の合わない仕事をさせることで、自社の従業員の法令順守を担保しよう、というのです。

それでも経営が維持できていたのはドライバーの長時間労働と低賃金

「2024年問題」などドライバーの労働時間短縮、賃金水準の向上を実現していくには、経営責任として「標準的な運賃」や燃料サーチャージなどに取り組むことが重要です。

ここで「標準的な運賃」について簡単に触れておきますと、2019年12月に成立した「改正貨物自動車運送事業法」で、2024年3月までの時限的な措置として導入されたのが「標準的な運賃の告示制度」です。そして、「標準的な運賃」は2020年4月に告示されました。

「標準的な運賃の告示制度」の導入目的は、トラックドライバーの労働条件の改善を実現するための原資を確保することです。ドライバーの労働時間と収入を全産業平均並みにするには、トラック運送事業者の収入を増やし、労働条件の改善を実現できるような原資の確保が必要です。そのため、「標準的な運賃」では全産業並みの労働時間で全産業並みの収入を前提に、人件費の原価を算出しています。

そのようなことから「標準的な運賃」は実運送事業者の運賃とされています。多層構造の中で実際に荷物を運んでいる事業者の運賃が「標準的な運賃」ということです。

ところが全産業並みの労働時間で全産業並みの収入で原価計算した人件費（その他）の数値を見て、驚いた事業者が少なくありませんでした。なぜなら「標準的な運賃」が現実の運賃よりかなり高いからです。

それは当然です。労働時間を見ると全産業平均と比べて約2割も長く、収入は1割から2割も安いのですから、全産業並みの労働時間と全産業並みの収入で人件費を計算したら現状の運賃よりかなり高くなるのは当然です。

そこで「標準的な運賃」を見て、驚いた経営者は多いのですが、同じ驚きでも正反対の二つの驚き方がありました。一つは、現状の運賃水準を基準にして標準的な運賃があまりにも高すぎる、という驚きです。このような経営者は、「こんなに高くては、とても取引先に話を持っていけない」ということになります。

しかし、もう一つの驚きは、標準的な運賃が本来の運賃であり、現状の運賃がいかに安すぎるか、と驚いた経営者です。このような経営者は、現状の運賃では従業員に全産業並みの時間労働と賃金を保証することができないのは当然で、自分が経営努力をしないでいかに従業員の苦労に甘んじてきたかを反省する、という受け止め方をしています。そして労働条件を改善するためには取引先と交渉しなければいけないという認識を強めています。

このように、先ほどからトラック運送事業者やドライバーに対する取引先の理不尽な実態の一端や、トラック運送業界内の多層構造の実態などを見てきました。その結果として、トラックドライバーの長時間労働や低賃金になっていたわけです。取引先から収受する運賃が安かったからです。

この安い運賃でもトラック運送事業者の経営が維持できていたのは、ドライバーの長労働時間や低賃金のおかげだったのです。

それを改善するには「標準的な運賃」や燃料サーチャージの実現が必要ですが、そのためには取引先に「忖度」しているような経営者の認識と姿勢から変えなくてはなりません。

これが最初で最後のチャンスかもしれない

このような中で、現在、関係各省庁が連携してかつてないほどトラック運送業界をバックアップしています。国土交通省だけではなく内閣官房、消費者庁、厚生労働省、経済産業省、公正取引委員会などです。2022年8月1日からは、厚労省が「トラック運転者の長時間労働改善特別相談センター」を開設しました。トラックドライバーの長時間労働の改善に向けて取引先企業や運送事業者の相談に、電話やオンラインで対応するもので2023年3月末まで設置されます。

この背景には何があるのでしょうか。

トラック運送事業者の多くは、取引先の荷主企業に対して弱い立場にあります。運賃や取引条件改善などの交渉力も劣ります。そこで各省庁が連携してトラック運送業界をバックアップしてくれているのです。この省庁の中には経産省など、あえていうなら「取引先の荷主企業側」の管轄官庁も含まれています。ここにトラック運送業界が直面している諸課題の解決はトラック運送業界だけでは難しい、という認識が表れています。

トラック運送業界が抱えている諸課題は、事業者だけではなく取引先の荷主企業も一緒に取り組まなければ解決できないという危機感の表れでもあります。

それだけではありません。2021年12月にまとめられた「パートナーシップによる価値創造のための転嫁円滑化施策パッケージ」には内閣官房や消費者庁も加わっています。これは、事業者や取引先（発荷主側と着荷主側）、さらにサプライチェーン全体の問題だけではなく、消費者すなわち国民も含めて取り組まなければならない社会的な問題であるという認識があるからにほかなりません。

つまり、これからの日本の社会を支えていく持続可能な物流の仕組みは、国民全体で考えていかなければならないほど重要なテーマになっているのです。

2022年9月から経産省、農水省、国交省の連携による「持続可能な物流の実現に向けた検討会」が立ち上がりました。同研究会には公取委、厚労省、資源エネルギー庁もオブザーバーとして加わっています。これは、これからの物流は広く国民全体の問題だという認識の現れです。

それに対してトラック運送業界の認識はまだまだ低いと言わざるを得ません。かつてないほど各省庁が連携して運送業界をバックアップしてくれています。しかし同時に、このようなサポートは「これが最初で最後になるだろう」という業界関係者からの声も多いのです。それは、なぜでしょうか？

これだけ行政からのバックアップがありながら取引条件を改善できないような事業者にはドライバーが来なくなります。ドライバーが確保できなければ早晩、撤退せざるを得なくなります。

その後は、行政による応援がなくてもちゃんと経営をして行ける事業者と、少しだけ行政からの後押しがあれば健全な経営ができる事業者だけが残ります。そのため今後は、これほどの行政からの後押しが必要なくなるのです。つまり最初で最後なのです。

10 改善DXなど事業者も生産性向上の努力が必要

物流改善DXなど生産性向上への取り組み姿勢が希薄

しかし、かりに「標準的な運賃」を実現できたとしても、同じように毎年、毎年、運賃・料金を値上げできるわけではありません。低すぎる運賃・料金を適正な水準に是正することは早急に必要です。しかし単価の値上げはいつまでも持続的に可能なわけではありません。

事業者側も生産性を向上する努力が必要です。実は、この生産性向上という考え方がトラック運送業界では希薄でした。「収益性向上」といった言い方はしていましたが、「生産性向上」という表現はなされていませんでした。

筆者の記憶では、トラック運送業界に対する施策で最初に「生産性向上」という概念が導入されたのは、2010年3月から2012年12月まで5回にわたって開催された「トラック産業の将来ビジョンに関する検討会」ではなかったかと思われます。いずれにしてもトラック運送業界において生産性向上という表現がされるようになったのは、そんなに古くはありません。

ですが、これからは生産性をどのように向上させるかという経営が重要になります。

余談ですが、日本が世界の主要国に比べて生産性が低いのは、バブル崩壊後の経済構造の再構築の過程で、非正規雇用労働者が増加したことが日本企業の生産性向上を阻害してきたのではないかと推測しています。

本来なら生産性の向上に努力して競争力を強化しなければいけないのですが、非正規雇用労働者の採用を拡大することで、安易に利益が回復できたのです。たとえば従来は、正規雇用労働者が2人で仕事をしていたとします。その正規雇用労働者2人分の人件費で、今度は非正規雇用労働者を3人雇えるようになったとします。非正規雇用労働者にも正規雇用労働者並みの労働をさせれば、従来の人件費で1・5倍の成果が得られます。

すると売上も利益も増えますから経営者は生産性が向上したかのような錯覚に陥ります。本来なら生産性を向上させるには研究開発費や設備投資が必要ですが、このようなリスクやコスト負担なしで、正規雇用労働者を減らして非正規雇用労働者に入れ替えるだけで売上と利益が増えるのですから、こんな楽な「経営」はありません。

しかも非正規雇用労働者の比率が高くなれば、正規雇用労働者の賃金水準も下がってきます。この間に平均賃金の水準が低下した一番の理由もここにあります。そして、フッと気づくとその間に生産性向上に努力していた他の国と、生産性の水準に差が出ていました。

さて、余談はそのくらいにしてトラック運送業界の生産性に目を向けましょう。

最近はＤＸ（デジタル・トランスフォーメーション）という言葉が頻繁に使われます。また、トラック運送業界でもＤＸへの関心が少しずつですが高まりつつあります。

しかし、ＤＸをあまり大上段に構えると難しく、自社には関係ないと考えてしまう事業者もいます。そこで、企業の今後の在り方に関わるビジネスモデルのイノベーションを伴うような「戦略レベルのＤＸ」と、デジタルの活用で現場作業を効率化して生産性を向上する「改善レベルでのＤＸ」に分けて考えて、後者から着手するのが現実的といえます。現場の作業などで改善が必要なところから取り組む事業者が少しずつ出てきました。

また、ＤＸといいますと、デジタル化で効率化効果を得ることだけに関心が行きがちです。もちろんそれは当然ですが、もう一つ重要な課題はＤＸ化を担う人材の育成・確保です。デジタル技術やデジタル機器だけに目を向けるのではなく、それを担う人材の育成にも併せて力を入れなければいけません。

そこで「総合物流施策大綱（２０２１年度～２０２５年度）」のⅢ１⑸にフォーカスし、いくつかの具体的事例に基づいてヒントを得ることにしましょう。

最近の印象に残る企業動向の一つが、社内の教育・研修制度の位置づけを再構築した事業者が何社かあったことです。これらの事業者に共通するのは、これまでの業務遂行のスキルアップを目的にした教育・研修から、スキルアップだけでなく、デジタル知識を持って戦略的に仕組みを考えたり企画・提案できるような人材の育成・確保に重点を置くようになったことです。

また、それに合わせて従来は人事部などの中においていた教育・研修課を独立した部署として格上げしていることも各社に共通しています。そして人事部やその他の部署と連携しながら、キャリアパス制度や評価基準なども併せて見直しています。デジタル社会において勝ち残る物流企業になるとともに従業員も人間的に成長し、将来の生活設計を頭に描けるような企業になるという考えです。

このような新たな動向は大手事業者だけではありません。中小事業者の一部でも同様の動きが見られます。たとえば従業員数約160人（うちパートは10人だけ）で保有車両数が約90台の事業者は、現状を出発点とした5カ年計画の目標を立てています。同時に、50年後のデジタル社会で物流はどうなっているかをみんなで考え、50年後に勝ち残っているには5年後までにどのような会社になっておく必要があるか、といったバックキャスティング的な発想もしながら、当面する5カ年計画に具体的に取り組むことができる従業員の教育・育成をしています。

DXで肝要なのは、デジタルに使われるのではなく、デジタルを使える人間です。そして作業を効率化して従業員の負担を軽減し、労働時間を短縮するとともに賃金も上げられるように生産性の向上に努めます。そのためのツールとしてITを活用するような経営努力が必要です。

運行管理者や配車担当者の隠れた長時間労働と点呼ロボット

ここでDXについていくつか紹介しておきましょう。

デジタル化の一つにロボット点呼があります。一気に全面的な容認ではなく、非常時には運行管理者が対応できるなど、当初は条件付きになるものと思われますが、早晩、自動点呼が認められるようになります。

ドライバーの長時間労働は常に問題になりますが、実は、運行管理者や配車担当者も隠れた長時間労働を強いられています。そのような中で、条件付きではあってもロボットによる点呼が認められるようになれば、運行管理者や配車担当者の労働時間短縮や負担軽減にもなります。

すると、点呼要件を満たす基本機能だけでも効率化になります。しかし、点呼に必要な基本機能だけの点呼ロボットでは投資対効果はもちろんですが、緩和された事業運営の諸条件を、経営的にフルに活かすという面から見ても導入効果が少ないといえます。では、どうすれば導入効果をより高めることができるのでしょうか。

たとえば保有台数が40台で従業員数60人の事業者は、「点呼機能だけではなく、自社にとって必要なその他の機能もオプションで加えて付加価値をつける」という点呼ロボット導入と活用の基本的考え方を持っています。そこで現在、同社が導入している点呼ロボットは、点呼機能、出退勤管理、スマホ・デジタコ連携、安全指導という4つの機能を備えています。

点呼機能は当然、点呼要件を満たすものでなければなりません。同社の点呼ロボットには点呼実施の支援、点呼記録簿、免許証有効期限の確認、アルコールチェック、キーボックス連携、血圧測定、体温測定などがあります。

また、出退勤管理機能では、出勤・退勤時刻管理、休息時間管理、拘束時間管理、有休や休日管理、残業時間管理などができます。

この事業者では点呼ロボットの導入以前から、デジタコとスマホを使って、連続運転可能時間、停止時間残余、拘束時間残、休息時間残、休憩残、点検、中間点呼、次回出勤可能時間、15時間超過可能回数などが分かるような改善基準告示管理システムを開発して導入していました。

これらのデジタコとスマホのデータをサーバー経由で点呼ロボットと連動させたのがスマホ・デジタコ連携です。運行（順守）状況をリアルタイムで管理し、運行中の速度超過や急加速等管理、退勤時に労務違反（改善基準告示違反）なども点呼ロボットが指摘できるようにしているのです。

さらに安全指導機能では、正確な乗務員教育、国交省が定めた指導・監督指針の順守ができるようにしています。毎月の安全指導教育なども、ドライバーが自分の都合の良い時間にロボットから受講することができ、教育担当者の負担も軽減しています。

点呼ロボットのより有効な活用は各社各様です。

なお、安全指導教育などについては、点呼ロボットではありませんが、他の事業者も配車連絡などのタブレットで併せて教育・指導を行っている例があります。テストを行うようにして最初から最後まで受講したかどうかチェックできるようにしています。

また別の事業者も貸与したスマホで、1コマ5分程度の教育をしています。5分程度のカリキュラムは待機時間を有効に使うためです。コロナ禍で対面教育ができなくなったのを機に、スマホを貸与して教育、その他、たとえば各種マニュアルもペーパレスにするなど、多様な活用をするようにしました。

対面での集合教育はドライバーにとっては少ない休日をさらに少なくすることになります。経営側でも休日出勤手当などコストがかかっていました。講師も大変です。そこで教育もスマホで行うようにして、待機時間を有効に使えるように5分程度の教育課程を作成して、ダウンロードして受講できるようにしたのです。

手書きでバラバラな内容のＦＡＸによる受注書を自動でデータ入力

多くの事業者が効率化したいと考えている業務の一つに受注業務があります。まだまだバラバラなフォーマットの手書きの発注書をＦＡＸで受信しているような実態があります。その発注書を人の手で入力するには、多くの人数と時間を要しますし、入力ミスなども避けられません。

さらに「ＦＡＸで注文書が送られてきても受注できていない場合がある。そのため、ＦＡＸ先に注文書を受け取ったという確認のためにＲｅＦＡＸするが、そのための手間がかかるだけでなく繁忙時ではエラーもある」という事業者もいます。

この前近代的な発注方式をデジタル化して効率化したいと多くの事業者が考えています。ＥＤＩ（電子データ交換）にできれば良いのですが、それはサプライチェーン全体の問題なので一事業者では難しい話です。いずれ戦略ＤＸというレベルになれば当然、受発注などはＥＤＩ化されるでしょうが、現状では改善ＤＸレベルでデジタル化して効率化を図るしかありません。

そこである事業者は、受注管理業務において入力を効率化するＡＩ画像ソリューションに取り組みました。システム開発会社と共同で２０１９年1月から同3月まで実証実験を行ったのです。

実証実験の結果、先行して導入を予定している5事業所で、これまでは25人で行っていた受注専門業務を、同システムの導入により8人程度で可能になることが確認できました。作業工数も約70％に削減できました。そこで２０１９年4月から導入したのです。

この自動受注入力システムの大まかな仕組みは次のようなものです。①各取引先からフリーフォーマットの手書きの注文書がＦＡＸで送られてきます、②ＯＣＲ（光学的文字認識）を活用して必要項目を自動抽出します、③受注入力システムに自動入力します。

まだ100%自動入力はできませんので、自動入力ができずエラーになった注文書に関しては人が入力していますが、AIでいずれはほとんどの受注書を自動入力できるようになります。

このシステムを導入して受注センターの集約化も進めています。従来はそれぞれの事業所ごとに受注していたのですが、受注センターで受注を集約し、各営業所にデータを流すようになったのです。

場内物流ではレベル4相当の自動運転の試みも

トラックの自動運転もいずれは現実のものになるでしょう。先述しましたように長距離幹線輸送などでは将来、自動運転が実現するものと思われます。

トラック運送における最大のイノベーションは自動運転ともいえます。その意味では戦略的DXの範疇かもしれません。しかし、トラックの自動運転そのものは自動車メーカーにおける技術開発と行政による法整備の問題です。トラックの自動運転の実装化には、車両の開発と法整備（道路交通法、道路運送車両法）などがあります。これらはトラック運送事業者と直接的な関わりはありません。事業者に必要なのは自動運転が実装化されたらすぐにビジネスに活かせるように準備しておくことです。

ここでは中小事業者の取り組みを紹介します。

ある事業者は、自動運転装置を搭載した4ｔ車2台を導入し、「物流センター内で技術的にはレベル4相当の自動搬送」を2022年2月から始めました。センター内には低床倉庫2棟、一般品倉庫、高床倉庫、冷蔵倉庫2棟、冷蔵自動倉庫、ラック倉庫2棟、特設倉庫その他が建っています。

保管している荷物を、倉庫から国内外に出荷するための梱包作業場まで運び、梱包が済んだ荷物は出荷場まで移送します。この場内横持ちの無人搬送を始めたのです。

トラックへの積込みや荷下ろしは現状では有人のフォークリフトで行います。荷役作業が終わるとフォークリフトの作業者がタブレットでトラックに次の動作を指定します。トラックは指定された場所まで完全自動運転で運ぶのです。

走行時速は10㎞です。このトラックは自動運転ということが周囲に分かるように自動運転中は音楽を流しながら走行します。1巡すると距離は約1㎞になります。この作業を2台の4ｔトラックで繰り返します。

一方、この事業者は以前から自動フォークリフトの導入に取り組んできました。そして2020年2月から無人エリアにおいて自動フォークリフトを実用化しています。この自動フォークリフトはレーザー誘導システムで位置を把握して自動運転し、誤差の範囲は1センチメートルという高い精度です。精度が良すぎるため、逆にトラックの空の荷台に荷物を積んでいて、重さで少しずつ荷台が下がってくると自動的に作業を止めてしまう、といったこともあります。

そこで現在、ＡＩによって応用力を高めるような改良をメーカーと進めています。さらに無人フォークリフトを屋外でも、有人エリアでも使用できるようにし、自動運転トラックと組み合わせることで、工場などの場内物流を効率化するシステムの構築を目指しているのです。この事業者は自動フォークリフトによる出入庫最適動線抽出機能を特許出願中（取材時点）です。もちろん、効率化の提案営業を展開していきます。

この自動フォークリフトによる荷役作業と自動運転トラックを一体化した自律型自動搬送システムが実用化できれば、労働力不足に対応するとともに、フォークリフト作業による労災事故の減少も図れます。

11 トラックドライバーに対する一般の人たちの見方

「エッセンシャルワーカー」とはいうものの

コロナの終息はなかなか見えてきません。完全な終息というのは難しく、おそらくインフルエンザの一種のような形に落ちつくのだろうと推測されます。

この間のコロナ禍の中で「エッセンシャルワーカー」という言葉を耳にするようになりました。健康や生活に必要不可欠な職業に従事している人たちを表す言葉です。

病院などの医療機関、介護などの社会福祉、公共交通機関、食品や日用品の小売業などで働いている人たちです。トラックドライバーなど物流分野で働いている人たちもエッセンシャルワーカーといわれています。

これらエッセンシャルワーカーといわれる人たちに共通しているのは、在宅勤務ができないことです。

そのため感染リスクが高い条件下でも、感染防止策を施しながら現場の第一線で働かなければなりません。

ところが、感染リスクの高い労働環境で働いているために、いわれなき偏見や差別に基づく暴言や嫌がらせなど、いわば「コロナハラスメント（コロナハラ）」といった状況が一部では見られました。もちろん、コロナハラの加害者はごく僅かな人たちですが、それでもトラックドライバーをはじめ交通運輸産業で働いているコロナハラ体験者の中には、不安な気持ちや寝不足が続き「心療内科などに行った」という人もいます。

しかも、新型コロナ感染拡大が始まった初期の時点ならまだしも、一部ではその後も長い間、トラックドライバーなどに対するコロナハラが続いていました。

2020年4月に愛媛県新居浜市の小学校で、長距離トラックドライバーの子どもに登校しないよう要請していたというニュースは、当時、広く知られました。長距離ドライバーは感染拡大地域に行くからというのがその理由でした。当該の長距離ドライバーは感染予防対策をとり、その子供たちも健康上の問題はなかったにも拘わらず、医学的根拠もない一方的な偏見によるものでした。

このケースでは、ドライバーが勤務している運送会社の抗議で学校側は謝罪し、子供たちも登校できるようになりました。

ですが、このような新居浜市のケースは氷山の一角に過ぎません。たとえば山形県トラック協会は2

020年4月23日に、トラックドライバーとその子供たちに対する差別的な扱いをなくすように県教育長に申し入れています。以前から同協会には会員からの電話などが入っていたこともあって、4月13日から15日の3日間、協会の全会員にアンケート調査を実施しました。僅か3日間でしたが記入式でFAX返信、電話やメールの回答も加えますと約7％の会員から回答がありました。3日間で約7％ですからかなり高い回答率といえます。

記入式による回答によりますと、「子供が入学式への出席自粛を求められた」、「奥さんや娘さんが会社から出社しないように言われた」、「近所に住んでいる甥まで登校を自粛させられた」、「家族がデイサービスの受け入れを拒否された」などの生々しい実態が記されています。

中には自宅に帰れないドライバーもいました。アンケートによりますと家族への感染防止だけではなく「子供の登校自粛や家族が会社への出社を禁止される」から、自宅には帰れなかったのだと言います。

そこで同協会では、県教育長への申し入れの他に、新聞への意見広告、テレビのスポットCMなどで事態の改善に努めたのです。地元紙や全国紙の地元版に出した意見広告では、「我々は新型コロナウイルスを運んでいるのではありません。皆様の日々の生活を命がけで守っています」（広告文より）と訴えています。

ところが、それから約4カ月も過ぎた2020年8月中旬のことです。筆者が直接コロハラの証言を目の当たりにしました。

東京都下のある運送事業者を取材で訪ねた時のことです。同社の仕事の一つに東京〜大阪間の定期長距離輸送があります。筆者が訪ねた日に、たまたま大阪から帰ってきたドライバー氏によりますと、納品先に指定時間より少し早く着いたので近くのコンビニで買い物をしてトイレに入ろうとした時です。コンビニの店員から「多摩ナンバーは東京でしょう」と聞かれたので「そうです」と答えました。すると「トイレを使わないでくださいと言われた」というのです。

そのドライバー氏は「自分はいったい何をしているのだろう。虚しさを感じた」と運行管理者に報告したそうです。

トラックドライバーに対する「カスハラ」や「コロハラ」の実態

実は、トラックドライバーだけではなく、交通運輸労働や観光・サービスに従事している人たちは、コロナ以前から「カスタマーハラスメント（カスハラ）」を体験していました。カスタマーすなわち利用者（顧客）からの迷惑行為などです。

鉄道、バス、タクシー、観光サービスなどの交通運輸・観光サービスなどで働いている人たちは、利用者から理不尽な扱いを受けてもたいていは低姿勢で受容するしかありません。客に対しては相対的に弱い立場にあるからです。逆に客の側からしますと、口答えや反抗ができない相手と分かっているので、強い態度でも大丈夫という優位性があります。中には憂さ晴らしのような「クレーム」もあるものと思われます。

鉄道、トラック、バス、タクシー、航空、海事・港湾、観光・サービス産業の労働組合の全国協議会である全日本交通運輸産業労働組合協議会（交運労協）が、所属組合員を対象に２０２１年5月20日から8月31日までカスハラに関するアンケート調査を行いました。

そのアンケート結果によりますと、直近2年以内に利用者からの迷惑行為に遭った人は46・６％にも上っています（n＝２万９０８）。中でもトラックドライバーは73・７％と被害率がかなり高い実態が分かりました（n＝４２４８）。

以下ではトラックドライバーだけの調査結果を見ることにします。

利用者からのハラスメントで多いのは暴言（41・９％）、威嚇・脅迫（17・９％）、何回も同じ内容を繰り返すクレーム（12・６％）、威嚇的（説教）態度（11・８％）などとなっています。それらの中には、「土下座の強要」という回答も4件ほどありました。

また、ハラスメントは対面が54・０％と、半数以上が対面でのハラスメントです。しかも対面でのハラスメントの中の33・９％は、他の人もいる面前で行われているという結果です。対面の次が電話によるハラスメントで35・７％です。

さらにハラスメントの内容を見ますと、一方的に大声を上げて攻撃的で威圧感のある話し方をされているようです。しかも、それらの中には「暴力行為を受けた」という回答が46件もありました。では、トラックドライバーはこのようなハラスメントに対してどうしたのでしょうか。「謝り続けた」（29・7％）が一番多い結果になっています。そのような精神的負担によって、「心療内科などに行った」という回答が7件ありました。

さらに、これらのカスハラが直近2年間では、それ以前より増加している（56・5％）という実態が分かりました。カスハラが増加している理由は、おそらくコロナ禍による精神的不安や抑制的な生活による不満などを背景にしたコロハラとも関連しているものと思われます。

そこで、トラックドライバーに対するコロハラの状況をもう一度、見ることにしましょう。

交運労協の調査ではカスハラだけではなく、トラックドライバーであることを理由にした新型コロナウイルス感染症に関する差別、偏見、誹謗・中傷などについても併せて調べています。

それによるとコロハラを受けたトラックドライバーは16・6％でした。内容は「暴言」（27・2％）が一番多く、続いて「消毒スプレー等をかけられた」（20・5％）となっています。以下は「威嚇・脅迫」（12・6％）、また、SNSやインターネット上での誹謗・中傷や、本人や同居家族が病院の受診・検査などを断られたといったケースもありました。

中には暴力行為を受けたという回答もあります。また、消毒スプレーをかけられたケースでは、「宅配で訪ねた先でいきなり噴射されて消毒液が目に入ったので痛みを訴えたところ、それが利用者へのクレームだといって会社に抗議の電話が入った」（関係者）というケースもあったようです。

このようなコロナハラによってトラックドライバーの人たちは「軽いストレス」（51・9％）や「強いストレス」（30・6％）を感じています。さらには離職や転職を考えたり「精神疾患になった」（1・0％）人もいるほどです。

しかし、トラックドライバーの人たちは、「コロナ禍で世の中が不安定な状態の中、心が荒んでいる人が多く、言われなき暴言を吐く人もいます」（Aさん＝アンケート自由記入より）。だが、「どの仕事もそうだと思うんですが、相手を思いやる気持ちを持って人と接して欲しいと願います」（Bさん＝同）、といったように、エッセンシャルワーカーとしての自覚や社会的責任を持って、多くの人たちが仕事に取り組んでいます。

安全性などへの取り組みとトラックドライバーの社会的地位向上

一方、営業用トラックとそのドライバーの社会的地位向上を目指す取り組みもあります。その一つが安全性に対する客観的評価です。

意識していないと、たいていの人は気づかないかもしれませんが、トラックに「G」マークがついているのを偶然に見た、という人もいるでしょう。これは「安全性優良事業所（通称Gマーク）」の認定を受けた事業所に所属するトラックです。

この営業用トラックに貼ってあるGマークとは何でしょうか。

営業用トラックとは、有償で運送事業を営む許可を得た会社に所属するトラックのことです。先述しましたように自家用トラックと営業用トラックを見分けるのは簡単です。濃い緑色のプレートに白い文字でナンバーなどが書かれているのが営業用トラック（通称：青ナンバーあるいは緑ナンバー）です。反対に白いプレートに濃い緑色ナンバーなどが書かれているのが自家用トラック（白ナンバー）です。

トラック運送事業者は公共の道路を使って仕事をしています。そのため安全管理（事故減少）や環境保全（CO_2排出削減）などに努力しなければなりません。

これらの安全性に関する客観的な評価基準を設けて、その要件を満たした事業所を第三者機関が認定する制度が2003年から導入されました。それが「安全性優良事業所（Gマーク制度）」です。「G」のロゴは、Good（良い）とGlory（繁栄）の頭文字をデザインしたものです。

Gマーク認定の要件は以下の通りです。①安全性に対する法令順守の状況、②事故や違反の状況、③安全性に対する取り組みの積極性、以上の3項目の評価が一定の点数以上なら、「貨物自動車運送適正化事業実施機関（適正化実施機関）」が、安全性優良事業所（Gマーク）として認定します。その事業所に所属するトラックにはGマークのステッカーが貼ってあるのです。Gマークには有効期限があって、継続するには更新申請をして要件をクリアしなければなりません。

つまり安全性に関して一定の水準以上であることを分かりやすく示したものがGマークです。第三者が認定した「客観的品質」といえます。

なお、適正化実施機関とは1990年12月に施行された貨物自動車運送事業法とともに、運送事業者の法令順守などを指導、推進するために創設された機関です。Gマーク制度もそれらの事業の一環として2003年から始まりました。

Gマークの目的は、①取引企業などの利用者がコンプライアンスなどの面からも信頼できる事業者かどうかを判断するメルクマールにできること、②運送事業者の安全性向上への取り組みをいっそう推進すること、③Gマークのトラックに乗務するドライバーの誇りの醸成などです。

このGマーク認定事業所数が、2021年12月には全国で2万8026事業所になりました。2021年12月1日現在の全国のトラック運送事業所数は8万7219事業所なので、Gマーク事業所は32・1％です。また、Gマーク事業所に所属する営業用トラックの台数は73万2646台で、全国の営業用トラックの50・3％と、50％を超えています。

そこで肝心なのはGマーク制度導入の効果ということになります。これも事故発生率の数字にハッキリと現れています。

国土交通省の資料によりますと２０１９年（1月～12月）における、営業用トラックの車両1万台当たりの乗務員に起因する事故発生件数は、Ｇマーク未取得事業所の８・６件に対して、Ｇマーク取得事業所は４・０件と半数以下になっています。同じように重傷事故はＧマーク未取得事業所の５・９件に対して、Ｇマーク取得事業所は２・１件と3割強です。死亡事故もＧマーク未取得事業所の２・８件に対して、Ｇマーク取得事業所は１・０件という状況です。

残念ですが人間が運転する以上、事故ゼロにはなりません。事故の発生率をどこまで下げられるか、そのためにいかに努力するか、ということになります。その点、国交省のデータを見ればＧマーク制度の効果が明らかといえるでしょう。

一般の人たちの「注視」が安全性を向上させ、ドライバーの誇りにもつながる

Ｇマーク制度が始まった２００３年当時、最初に認定を取得した全国の事業所を分析したことがあります。すると興味深い傾向が分かってきました。

大手企業でも、第三者から認定される「客観的品質」を重視する会社は、全国で一斉に申請して多くの事業所で認定を取得しました。それに対して、自社のサービスは社会的に高く評価されていると「知

覚的品質」に自信のある事業者は、最初はGマークをさほど重視していないような傾向が見られました。あるいはGマークに対して全社的に統一した姿勢を打ち出さなかった大手事業者では、地域ブロックごとに認定取得にバラつきが見られました。このように陸運の大手事業者でも、最初はそれぞれの会社の姿勢に違いがありました。

しかし、Gマーク制度が定着するにしたがって、大手事業者各社が認定取得に力を入れるようになってきました。中堅規模の企業も同様です。もちろん中小規模でも最初からGマークに力を入れる運送事業者がありましたが、全体的に見ると大手・中堅企業者から認定取得が浸透してきたという経緯があります。Gマーク認定事業所数の割合よりも、トラック台数の割合の方が高いのは、そのような背景や経緯があるからです。

Gマーク認定制度が導入された2003年以降、その年に初めて認定された中小事業者を毎年、数社は取材してきました。それら各社にほぼ共通していたのは、「安全には力を入れて取り組んできたが、社内だけでは自己満足に陥る可能性があるので、第三者から客観的に評価してもらうことが必要」という認識です。

また、Gマークのついたトラックに乗務することになったドライバーの人たちに話を聞きますと共通した感想を述べています。「Gマークのトラックに乗っていると、誰から見られているかも分からないので、安全運転をこれまで以上に心がけるようになった」と異口同音に話していました。

ところがドライバーの人たちが思っているほどには、周りから注視されていないのが実態なのです。少し以前の調査結果になりますが、２０１７年10月と11月の2カ月間、全日本トラック協会が東名高速道路の海老名サービスエリアの上りでＷｅｂアンケートの案内をして、Ｇマークをどれくらい知っているかを調査しました。その結果、一般の人たちでは「Ｇマークを見たことがある」65・1％（ｎ＝１８９）、さらに見たことがある人でも「Ｇマークの呼び方を知っていた」61・8％（ｎ＝１２３）、呼び方を知っていた人たちで「Ｇマークの意味を知っていた」90・8％（ｎ＝76）でした。

高速道路で協力を呼び掛けたので、「見たことがある」という回答が多かったものと思われます。あまり高速道路を利用しない人たちでは認知度はもっと低いものと思われます。

これには様々な理由が考えられます。その一つは、Ｇマークの貼ってある位置です。トラックのボディは運ぶ荷物や主な使用目的などによって様々な形状をしています。そのためＧマークが貼ってある位置がそれぞれに違うのです。ですから、よほど気をつけて見ていないと分からないかもしれない可能性があります。

このようにＧマーク制度は、トラック運送事業者の安全管理を推進して、トラックドライバーの安全意識の向上と誇りを促すものです。さらにもう一つ、Ｇマークに対する社会的関心（一般の人たちの注視）が高まれば三位一体となって事故の減少につながっていくものと思われます。

その結果ドライバーへの社会的な見方も変わり、エッセンシャルワーカーとしての正当な評価が得られるようになるでしょう。

なお、トラック運送事業における客観的品質としては、環境にやさしい事業運営をしている事業者に交通エコロジー・モビリティ財団が認証する「グリーン経営（環境負荷の少ない事業経営）」制度や、引っ越しをしたい人が安心して事業者を選べるように全日本トラック協会が認定する「引越事業者優良認定制度（引越安心マーク）」があります。

12 働きたい人がいないわけではない

最近の若者の就業は「EC購買的」な発想と行動

コロナ禍で荷動きが鈍化した中でも、トラック運送業界全体でみるとドライバーが不足しています。「7・営業用トラックドライバーの不足問題と課題」でも書きましたように、厚生労働省の有効求人倍率で見ますと、「自動車運転の職業」は「職業計」に対してほぼ2倍ぐらいの有効求人倍率で推移しています。

「いくら募集しても応募者がこない」という事業者は少なくありません。しかし、中には若い人が多数、応募してくるような企業もあります。

地方の人口が僅か約5100人という自治体に本社のある中小事業者では、19人のドライバーのうち20歳代が5人、30歳代が9人、40歳から50歳代が5人という運送事業者もあります（2022年7月現在)。20歳代と30歳代がドライバーの約74%を占めていることになります。この事業者は25年前から月給制にしましたが、40歳代、50歳代のドライバーの人たちは月給制にした当時に入社し、現在は運行管理者を兼ねてトラックに乗務している人もいます。

一方、都内が本社で運送事業だけでなく物流センター運営、ホームステージングその他の事業を行っている中小事業者は、ISO9001、ISO14001、Gマーク、Pマーク、優良トランクルーム、その他の認証や認定など客観的な品質の取得にも力を入れ、商標登録(使用許諾契約商標)も14あります。

ドライバー職以外の採用では中途採用者でも業務内容に応じたペーパーテストを行いますが、ドライバーは面接だけで採用しています。中途採用のドライバー募集はハローワーク、ホームページ、求人サイトで行っているのですが反響は良いといいます。1回募集をだすと、20歳代の人たちが60人以上は応募してきます。このように応募者数は多いのですが採用しても良いと判断できる人は少ないです。また、採用しても最近の若い人はすぐに辞める傾向が強い、というのが大きな悩みです。

この事業者では採用後3カ月間を教育期間としています。教育担当者が社内カリキュラムに沿って作業の基本などを教え、また、トラックの添乗指導も行っています。しかし教育期間を過ぎると間もなく辞めてしまう人が少なくないのです。

同社の社長は「若い人の中にはトラックのドライバーをやろうという気持ちで応募してきているので

はない人がいる。どんな仕事でもかまわないから、とりあえず就職しておくという感じだ」と言います。様々な職業の中の何でも良いから、ともかく採用された会社に入ろうと入社してくる、というのです。そして、そこで働きながら、もっと良さそうな仕事（会社）を探します。

そこで頭に浮かぶのは、「ＥＣ（ネット通販）購買行動的」ということです。ネット通販で自分の欲しい商品を探して見つかれば注文します。しかし、それはとりあえず商品を抑えておくということで、そのネット通販会社で買うことにしたわけではありません。まず、キープしておいて、同じ商品をより安く売っているネット通販会社を探します。同じ商品を安く売っているのが見つかれば、そちらに注文を入れ、前に注文したネット通販会社はキャンセルします。非対面なので気を遣うことがありませんし、操作１つで簡単にキャンセルできるので気楽だからです。

まさに就職もデジタル的な発想と行動といえます。そこで同社では、入社後はアナログ的に接するようにしています。教育担当者だけではなく、職場の人たちとの人間関係で定着率を高めようという試みです。

パブリシティ戦略に力を入れ出した中小トラック運送事業

ＥＣ的という点では、最近は中小事業者でも広報活動に力を入れるようになってきました。広報担当者をおく中小事業者もあります。たとえば若い女性で構成する広報専門部署を設けて自分たちで自由にアイディアを出し合い、様々な情報を社内外に発信して企業イメージのアップに努めているケースもあります。広報専門部署を「４月（２０２１年）からスタートしてＳＮＳなどで広報活動を始めたら、早くも８月にはそれを見て応募してきた若いドライバーがいた」といった成果も出ています。

この事業者では「自分たちはこんな仕事をしているのだとアピールして、トラック運送業界の悪いイメージを払拭したい。そこで物流は男の仕事の世界という既成概念を破るためにも、女性の目線から若い感性を活かして広報活動をしてもらうことにした」といいます。この事業者は関連会社も合わせて保有車両数は約１００台の規模です。

中には、取材で訪ねたのに先方の広報担当者から「逆取材」されることもあります。取材していると ころを写真に撮られ、「当社がこのような人からこのような内容について取材を受けました」と、数日後にはホームページにアップされているようなこともあります。

また最近、目に付くのはパブリシティ戦略に力を入れている中小事業者が少しずつ増えてきたことです。特にＷｅｂ系の物流ニュース（物流情報サイト）にニュースリリースを頻繁に掲載されている中小事業者が何社かあります。

この狙いは2つあります。一つはリクルート対策です。新卒採用、中途採用に限らず、最近の若い求職者は「ウェブルーミング」になっています。先述のように求職もEC購買的な行動になっています。

ネット通販が拡大する中で、リアル店舗では「ショールーミング」が大きな問題になった時期がありました。店舗に行って商品を見て、店員の人から説明を聞き、極端なケースでは店舗の隅でスマホから同じ商品を安く売っているネット通販会社に注文する、といった購買行動です。

しかし現在では、まずWeb上で商品を探すという購買行動になってきました。ある大手小売店の役員は、「極端な表現をすれば、店舗に商品があってもネット上でその商品が見つからなければ、その商品はないに等しい」と言います。「ウェブルーミング」です。

そうしますと、まずWeb上で見つけ出してもらうことが重要です。しかし、ホームページだけではなかなか見つけ出してもらうことが難しい。そこでいかに商品（あるいは自分の会社）を見つけ出してもらうか、という努力が必要になります。インバウンドマーケティングです。

そのようなインバウンドマーケティングの一つとして、アクセス数の多い物流情報サイトにニュースリリースを頻繁に掲載してもらう、という方法が採られているのです。

もう一つの狙いは社内対策です。自社のニュースがネット上に流れていれば、従業員の人たちがスマホで見ます。経営者や管理職が話すよりも、ネットという「第三者」がニュースとして取り扱ってくれた方が、最近の若い人たちは客観的に受け止めるからです。

「うちの会社のニュースがネットで流れている」と、「うちの会社もたいしたものだな」と従業員の人たちが受け止めます。

昔は「活字信仰」がありました。業界紙に自分の会社の記事が掲載されると、その記事をコピーして各職場に貼りだしたりしたものです。活字になると客観的で信憑性が増すのです。ですから「活字信仰」の時代には業界紙などで取り上げてもらうことが、対従業員対策といった社内的な効果があったのです。

しかし最近は「ネット信仰」の時代になりました。フェイクニュースが伝播するような弊害もありますが、ネットをいかに利用するかも経営手腕の一つといえます。

フォロワーの多いトラックドライバーのYouTuberと応募者・採用者

Ｗｅｂ的ということでは、有名なYouTuberの社員ドライバーが応募・採用に大きな効果をもたらしている事業者がいます。

この事業者は北海道を除いて全国にネットワークを持って、大型車による貸切の長距離輸送で業績を伸ばしています。さらにネットワークの構築を進めているので、中途採用者の数も多く、月に50人から

60人のドライバーを採用しています。

しかし、採用はハローワーク、ホームページ、従業員による紹介だけです。

この事業者の中途採用で大きな力を発揮しているのがYouTuberの社員ドライバーたちです。同社の社長によりますと、社員ドライバーで業界では有名なYouTuberが10人いるそうです。

とりわけ、ある女性ドライバーは有名なYouTuberでフォロワーが10万人もいるといいます。中でも中途採用におけるドライバー経験者の転職希望者に対しては、大きな効果があるものと思われます。

実際に同社の過去の月別の応募者数と採用者数の推移を見ますと、有名な女性のYouTuberが入社した後から、応募者も採用者も急増していることがデータからも証明されています。

もちろん、YouTubeを見ただけでは応募には結びつきませんから、ホームページの充実が重要です。仕事の内容が分かり、働くイメージが具体的に湧くようなホームページが必要です。

特に「仕事の内容が分かる」という点が重要です。このようにいいますと、多くの方は何時に仕事を開始して、最初はこのような仕事を午前中して、次に午後の早い時間はこのような仕事、午後の遅い時間はこんな仕事をして、何時ぐらいに仕事が終わる、といったことを丁寧に説明しようとされるでしょう。それは採用しようとする側の立場から「仕事の内容が分かる」ということです。

応募する側の立場で「仕事の内容が分かる」ということは、「自分のオフの時間の過ごし方がイメージできる」ということなのです。各社のホームページで「募集」などを見ていますと、この点で大きな齟齬があるような表現が少なくありません。従業員にとって働くとは、普通に生活ができオフの時間に自己実現できるかどうかなのです。この点を誤解しないようにしなければなりません。

中途採用で他業種からトラックドライバーに転職して1年未満の20歳代や30歳代前半の若い人たちに話を聞きますと、人によって多少のニュアンスの違いはありますが、応募の動機としておおむね「募集広告やホームページを見て、オンとオフが明確に分かるようになっていたから」という人が少なくありません。求職者の側から「仕事の内容が分かる」というのは、募集者側の多くの担当者の認識とは違うのです。

不本意非正規雇用労働者が正社員化できるような条件を考える

ご存じのように労働力人口（15歳以上）が減少しています。

総務省統計局の資料によりますと、２０２１年平均の労働力人口は６８６０万人で、前年と比べますと8万人の減少となりました。これは2年連続の減少です。男女別で見ますと男性は３８０３万人で20万人の減少、女性は３０５７万人で13万人の増加となっています。

このうち15歳から64歳の労働力人口は、２０２１年平均で５９３１万人と、前年と比べて15万人の減少となりました。また男女別では、男性は３２５２万人で20万人の減少、女性は２６７９万人で６万人の増加となっています。

このように日本では労働力人口が減少しています。そのため、「人がいないのだから募集しても応募者が少ないのは仕方がない」と諦念の境地に至ってしまっている事業者も少なくありません。もはや悟りの境地です。

しかし、人がいないのだから募集しても応募者が少ないのは仕方がない、ととらえてしまいますと、それ以上は前に進みません。労働力人口が減少しているのは事実ですが、そのことと働きたいと考えている人とはイコールではありません。

内閣府男女共同参画局が総務省の「労働力調査（詳細集計）」より作成した資料によりますと、不本意非正規雇用労働者は２０２１年で２１４万人もいます。内訳は女性が１０９万人で男性が１０５万人です。

不本意非正規雇用労働者とは、非正規雇用労働者のうち、現職の雇用形態に就いている主な理由が「正規の職員・従業員の仕事がないから」との理由で、不本意ながら非正規の雇用形態で働いている人をいいます。

この不本意非正規雇用労働者を年齢階級別に見ますと、15歳～24歳が14万人（女性７万人、男性７万人）、25歳～34歳が35万人（女性16万人、男性19万人）、35歳～44歳が37万人（女性22万人、男性15万人）、

45歳〜54歳が49万人（女性31万人、男性18万人）、55歳〜64歳が49万人（女性23万人、男性26万人）、65歳以上が31万人（女性11万人、男性20万人）です。

募集しているのがドライバー職ということを前提にしますと18歳で普通免許や準中型免許を取らないとトラックを運転できませんから、15歳〜24歳の14万人のうちの30％を15歳から17歳、70％を18歳から24歳と仮定しますと、18歳以上〜24歳は約9万8000人となります。

比較的年齢の若い人たちということで18歳〜44歳の不本意非正規雇用労働者数を合計しますと、81万8000人になります。この81万8000人を男女別で見ますと、女性は42万9000人、男性が38万9000人です。

一方、全日本トラック協会の「日本のトラック輸送産業　現状と課題2022」によりますと、2021年の道路貨物運送業の就業者数は199万人となっています。そのうち「輸送・機械運転従事者（主に自動車運転従事者）」は84万人です。これを男女別で見ますと、男性が82万人で圧倒的に多く、女性は3万人に過ぎません（端数処理の関係で合計が85万人になります）。トラックドライバーのうち、女性ドライバーは約3・5％しかいないというのが現状です。

いずれにしましても全国の営業用トラックに乗務して働いているドライバー数は、約84万人です。それに対して不本意非正規雇用労働者は18歳から44歳だけを見ましても約82万人もいることになります。

つまり、現在、全国の営業用トラックで働いている全ドライバーの人数にほぼ匹敵する人数の不本意非正規労働者（18歳～44歳だけでも）がいることになります。仮に44歳の不本意非正規雇用労働者を採用したとしても、約20年は働いてもらえることになるでしょう。

労働力人口が少ないから応募者が少ないのではなく、労働市場のマーケティングができていないということなのです。不本意非正規雇用労働者は正規雇用を望んでいるのに、なぜ「不本意」に甘んじているのかという理由を調べ、それに対応できるような就業形態を考えて正規雇用に迎え入れれば良いのです。

一番大きな課題は勤務時間などです。少し以前ですが２０１８年から変形労働制を導入して週休３日や週休４日制の正社員の採用を始めた中小事業者がいます。募集開始から約１カ月の間に20人の応募があり、取材時点ではそのうちの５人を採用していました。

もちろん正社員ですから社会保険や有給休暇、退職金制度などがあります。

応募してきた人たちの多くは、介護の必要な人がいるために週5日の勤務が難しいという人たちでした。そのため不本意ながら非正規雇用で働かざるを得なかったのです。しかし正社員になれば健康保険や厚生年金などもありますから安定感があります。また契約更新時に契約が継続できるかどうかといった不安がなくなって安心感があります。

面接で「本当に週休3日で正社員になれるのですか」と質問してくる応募者が多かったようです。

また、長年にわたって非正規雇用で働いてきた人たちは、たとえば会社が替わっても同じ仕事をしてきたとしても、それを経験として認められないことが多いのです。ある中小事業者では、長年、派遣労働者として働いてきた人でも、ずっと同じ内容の仕事をしてきた人は正規雇用で働いてきた人と同じに、「経験年数」として評価しています。

このように「雇用マーケティング」的な視点がないと、「人がいないのだから仕方がない」という状況を打破することはできません。

13 新しい日本社会と消費者密着物流サービス

地元商店の活性化と「買い物弱者」を結びつける移動販売車

これからの日本社会は高齢化と人口減少が進みます。同時に人口の偏在化も進行します。すると「買い物難民」や「買い物弱者」といわれるような人たちが増えてきます。

「はじめに」でも書きましたように、買い物弱者は地方の過疎地域だけではなく、都市部でも半世紀以前に売り出された当時の新興住宅街や、あるいは都市郊外の団地などの高齢居住者なども該当します。

この買い物弱者についてはマスコミなども時々、取り上げることがあります。しかし、新しい社会環境に対応した地域コミュニティの形成と持続化のためには、買い物弱者と同様に「販売弱者」や「生産弱者」が存在することにも目を向けることが重要です。

買い物弱者には目を向けられますが、販売弱者や生産弱者にはほとんど関心が向きません。また、そのような存在すらあまり認識されていないのが現状です。

しかし、買い物弱者と販売弱者、それに生産弱者は三位一体のものとして考えていくことが、人口減少が続く新しい時代の地域コミュニティの在り方には必要です。

いうまでもなく販売弱者は旧商店街で長年、商売をしてきた地元の商店などです。すでにバブル崩壊後の早い時期から「シャッター通り」といわれるようになってしまいましたから、もはや遅きに失した感があるかもしれません。地方都市の昔の商店街に行くと、シャッターが下りている店舗が多く、人通りも閑散としていて寂しいものです。昔の賑わいを知っていると、隔世の感がひとしおです。

それでも頑張って商売を続けている店もあります。シャッターが下ろされて「売り物件」や「貸し店舗」などといった紙が貼られている間で、現在でも細々と営業を続けている商店は存在します。

生産弱者もそうです。商店街の中にはたとえば和菓子屋や豆腐屋など生産販売している人たちが僅かですが存在します。家内工業的に自ら生産して販売もしているような人たちです。

このような販売弱者や生産弱者の人たちは、ほとんどが高齢化しています。また昔からの常連客も高齢化して商店街に買い物に来るのが大儀になった、いわゆる買い物弱者の人たちです。そのために相乗的に相互の「弱者化」が進んでいるのです。

地方の運送事業者の中には、この買い物弱者を対象に移動販売を始めたケースがあります。２０１２年に移動販売を始めた事業者は３ｔ車を改造し、ボディをスライド式にして荷台が左右に拡がるようにしました。左右が商品の陳列棚になり、ボディの後ろの階段から買い物客はトラックに乗ります。ボディの真ん中部分が買い物通路というわけです。

この事業者は、地元では調達できない商品以外は全部地元の商店などから商品を仕入れて販売するようにしました。たとえば移動販売車で販売する弁当などは、地元の食堂で毎朝、つくってもらいます。

また2015年から移動販売を始めた事業者も、地元の小売店、地元の問屋、地元の製造販売業者と提携して販売していました。この事業者の場合には、地元の商店などで販売されている価格より高めに値段を設定し、消費者に理解を求めるようにしました。また移動販売車にはAED（自動体外式徐細動器）を装備し、地元の消防署などとも連携して救急車が到着する間にドライバーが救命措置をする、といったこともしました。

これらの事例では、いずれも買い物弱者と販売弱者、生産弱者を結びつけて、新しい社会における地域コミュニティの持続を構想していました。地元密着の中小事業者の矜持ともいえるものです。

しかし、この2つのケースはいずれも移動販売から撤退する結果になりました。2社とも車両導入時には国や自治体からの補助金を活用しました。また、その後も自治体からの援助があったから採算的に成り立っていたのです。

しかし自治体も特定企業に補助金を出し続けることはできません。残念ながら現状では、トラック運送事業者の移動販売は採算的に厳しい状況にあります。

この点では、人口減少や過疎化が進む自治体では、地元のコミュニティを持続するにはどうすべきか、といった観点から今後は検討していく必要があるでしょう。買い物弱者だけではなく販売弱者や生産弱者の持続可能性、ひいては今後の地域社会の在り方という面からも考えていくべきです。

一方、移動販売で有名なのは「とくし丸」です。とくし丸はスーパーの各地の店舗と提携して移動販売の事業を行っています。軽自動車で移動販売しているのは「販売パートナー」と呼ばれる個人事業主です。販売パートナーは商品を仕入れて販売するのではなく、販売の代行をするという仕組みです。したがって商品リスクは負わなくても良い形になっているようです。この点が中小トラック運送事業者の移動販売とは大きく異なります。

小売店の「外商部」の外部委託のような形で、いわば小売店の販売手法の一つとしての移動販売、ということになります。もちろん、買い物弱者対策としては成功していますが、運送事業の派生的なサービスとしての移動販売とは異なります。

なお、生産弱者には農業など一次産業に従事している人たちもたくさんいます。そして農家などの生産弱者をバックアップするようなトラック運送事業者もいます。

地域特性にもよりますが、たとえばリンゴ農園を営んでいた生産者が高齢化し、後継者もいないような地域では、地元の中小トラック運送事業者が農園を借りてリンゴ生産に進出しているようなケースもあります。

定年退職したドライバーの人が、たとえば週に３日は農園で働き、２日はトラックに乗務して現役のドライバーの労働時間短縮をサポートする、といったこともしています。農園で収穫したリンゴはネット通販で販売などをしています。

農園は一度、生産を止めてしまいますと荒廃してしまいます。そこで、「うちの農園も借りて生産を続けてほしい」といった要望が増えています。

同じような事例ではサクランボ農園を経営している中小トラック運送事業者もあります。やはりネット販売をしていますが、農園を借りてほしいというニーズは増えているといいます。「地代はいらないので、いつまでもつくり続けてもらえれば良い」という農家の人もいるといいます。

これらの事例からは、高齢化社会における日本農業といった面からも、地元のトラック運送事業者の新しい役割が見えてくるような気がします。

「ゴミ出し代行」と「買い物代行」

国土交通省住宅局の「住宅団地の実態調査（２０１８年2月）」によりますと、住宅団地は全都道府県の５５６市町村に２８８６団地あります。そのうち面積ベースで見ますと、三大都市圏に約半数が立地しています。

これらの住宅団地（490団地）で高齢化率（65歳以上）が40％以上というのが15団地（3・1％）あります。さらに高齢化率が35％以上で40％未満というのが40団地（8・2％）となっています。

しかし、入居開始後40年以上経過した109団地では、高齢化率40％以上が11団地（10・1％）で、35％以上で40％未満が23団地（21・1％）となっています。当然かもしれませんが、入居開始から年数が経過するほど高齢化率が高いという調査結果になっています。

また、同じ国土交通省の「住宅団地の実態調査」ですが、2014年12月から2015年10月にかけて行った調査では、住宅団地周辺の商店数、年間販売額が減少しているという結果が出ています。

団地は三大都市圏に約半数が集中しているということですから、首都圏、中部圏、関西圏の商店数と年間販売額の減少の実態を見ます。

まず、首都圏では東京都府中市のA団地ですが、ここは日本住宅公団が供給を開始したのが1966年です。商店数のピークは1979年で137件でしたが、2007年には85件に減少（38％減）しています。年間販売額も1991年の127億7097万円をピークにして、2007年には66億4860万円にまで減少しました（48％減）。およそ半分の金額です。

次に中部圏を見ましょう。三重県四日市市のE団地は、日本住宅公団が1970年に供給を開始しました。商店数のピークは1991年の111件ですが、2007年には65件に減少（41％減）しました。

年間販売金額もピークの1997年の106億5942万円に対して、2007年には35億8396万円に減少（66％減）しています。ピーク時の約3分の1という結果です。

最後に関西圏ですが、兵庫県神戸市のC団地のケースです。C団地は県住宅供給公社が1964年に供給を開始しました。商店数のピークは1979年の248件でした。しかし2007年には144件に減少（42％減）しています。また、年間販売額は1997年の232億1199万円をピークに、2007年には167億2780万円まで減少（28％減）しました。

団地の状況は以上のようですが、古い団地ほど高齢化が進んでいます。そして古い団地ではエレベーターのない団地も多くあります。

そのために高齢の居住者の中には、決まった日の「ゴミ出しも大変」という状況があるといいます。上の方の階に住んでいる高齢の方では、エレベーターがなく階段を歩いて降りてごみを出すのが大変な人もいるのです。「はじめに」でも書きましたように、現状では訪問介護のヘルパーの人たちがゴミ出しや買い物代行を担っているケースが多いようです。

このような現実を踏まえて、東京近郊で地元に団地が多数ある地域のトラック運送事業者が、「ゴミ出し代行」サービスを考えています。決まった曜日にゴミ出しを代行するというサービスです。

このゴミ出し代行サービスと表裏の関係にあるのが「買い物代行」サービスです。先述しましたように団地周辺では商店数が減少しています。また、周辺商店の年間販売額も減少しています。

買い物弱者と販売弱者を結びつけて双方にメリットの出せるような買い物代行の仕組みをつくることができれば、住民密着型の新しい物流サービスの可能性があります。

しかし、先に移動販売を見ましたように、採算をとるのは容易ではありません。持続可能なコミュニティの形成には、トラック運送事業者だけではなく、地元自治体や地域住民の人たちも一体となった、ゴミ出し代行サービスや買い物代行サービスを考えていくことが必要です。

それらのサービスに安否確認などのサービスも付加すれば、従来とは全く異なる物流の在り方が見えてきます。

しかし地元で長年にわたって運送事業を営んできても、企業間物流に携わっていて消費者物流をしてこなかったために、地元住民の人たちからの認知度が低いケースがほとんどです。そこでゴミ出し代行サービスや買い物代行サービスに参入する場合には、まず地元での認知度を高められるようなブランディング化も併行して進める必要があります。

あまり使われていない町内会館と町内会員のシルバー人材活用

総務省の資料によりますと、町または字の区域その他、市町村内の一定の区域に住所を有する者の地縁に基づいて形成された団体を自治会、町内会、町会、部落会、区会などと呼びます。

そして総務省の調べによりますと、2013年4月1日現在で全国に29万8700の自治会や町内会等が存在しています。以下は簡略化のために一括して「町内会」と記すことにします。

総務省の資料によりますと、これら地縁による団体は「権利能力なき社団」と位置づけられていたといいます。そして、その資産は構成員に総有的に帰属しますが、不動産登記は代表者名義などによって登記するしか方法がないとされてきました。

そのために1991年の地方自治法改正で、地縁による団体が権利能力を取得（法人格取得）する制度が創設されました。そして町内会など地縁による団体が地域的な共同活動のために不動産または不動産に関する権利などを保有するため市町村長の認可を受けた時には、不動産などを町内会名義で登記できるようになりました。

総務省によりますと、このような認可町内会が2013年4月1日現在で全国に4万4008団体あります。

実は、これら町内会の組織と町内会の会館を宅配の末端に組み込もうという動きもあるのです。町内会の役員などは高齢者が多いです。また、町内会の会員も高齢の方が多いです。これら高齢の方々の中には、地元のシルバー人材センターに登録して仕事をしている人もいます。しかし、それとは別に、町内会と契約してその地域のラストマイルを担ってもらったらどうか、という話があるのです。

町内会の会館などは普段はほとんど使われていないことが多いようです。そこで、町内会館にそのエリアの宅配荷物を1日何回か定時で持ち込み、そこから先の宅配を町内会の高齢のメンバーにお願いする、というプランです。

これにより、①元気な高齢者にあまり負担がかからない範囲で社会参加していただく、②もちろん労働に見合った報酬を支払う、③宅配荷物はこれからますます増加が予想されますが人手不足の緩和につながる、といったことが可能になります。町内であれば知り合いなので、宅配便のドライバーを装った犯罪の防止などにもなります。

そして町内会に所属する高齢者の方々には、①社会参加で健康を維持して精神的な生きがいを持っていただく、②併せて町内の高齢者の安否確認などもしていただく、③普段はあまり使われていない町内会館というインフラの有効活用、④町内の活性化、などの効果が期待できます。

社会的な効果としては、人口減少と高齢化が進む中で地域のコミュニティを持続することにもなります。もちろん経済的効果の追求もありますが、それだけではなく社会的効果も期待できるのです。

このようにこれからは一般の人たちも参加する中で、持続可能な物流の在り方を考えていくことが必要です。そのような中でトラック運送業界の「2024年問題」もクリアすることが可能になります。

14 持続可能な物流構築は社会全体の問題

関係省庁が連携してトラック運送業界をバックアップ

最近は国土交通省だけではなく内閣官房、厚生労働省、経済産業省、農林水産省、公正取引委員会、消費者庁など関連省庁が連携してトラック運送業界を支援しています。このように各省庁が揃ってトラック運送業界をバックアップするようなことは、かつてなかったことです。

たとえば2021年12月には、内閣官房（新しい資本主義実現本部事務局）、消費者庁、厚生労働省、経済産業省、国土交通省、公正取引委員会によって、「パートナーシップによる価値創造のための転嫁円滑化施策パッケージ」がまとめられました。

また、「コロナ禍における原油価格・物価高騰等総合緊急対策」では、燃料油に対する激変緩和事業や、新たな価格体系への適応の円滑化に向けた中小企業対策など、安定的な経営を支援する方策が打ち出されています。

そのような中で2022年5月には公正取引委員会が「荷主と物流事業者との取引に関する調査結果」を発表しました。この調査は、独占禁止法に基づいて「特定荷主が物品の運送又は保管を委託する場合の特定の不公平な取引方法」を指定して、その順守状況や取引先企業とトラック運送事業者との取引状況を把握するために、荷主企業とトラック運送事業者との取引の公正化に向けて継続的に行っているものです。

2021年10月に開始した取引に関する調査では、運送や保管の継続的な取引を対象に、荷主企業向けと、トラック運送事業者向けの書面調査を実施しました。さらに、この書面調査の結果を踏まえて、労務費、原材料費、エネルギーコストの上昇分の転嫁拒否が疑われるものに対しては、荷主企業19社に立ち入り調査を実施しています。

これら書面調査や立ち入り調査の結果を踏まえて、荷主企業641名に対して具体的な懸念事項を明示した注意喚起文書を送付しています。

公取委がここまで踏み込むのは、画期的なことです。それだけではありません。経済産業省も「下請中小企業振興法」の基準を見直し、下請企業との価格交渉を年1回だけではなく、適宜、交渉に応じるように改正しました。さらに、厚労省は運送事業者の労働時間短縮などの取り組みを促進するため、「労働時間等設定改善法」を通して、事業者への配慮が欠ける発着荷主への協力要請を強化しています。

そのほかにもこの間、進められてきた代表的な取り組みの一つに「ホワイト物流」推進運動がありま す。以下、「ホワイト物流」推進運動の資料に準拠して「ホワイト物流」について見てみましょう。

「ホワイト物流」は、国民の生活や産業活動に必要な物流を安定的に確保して、経済の成長に役立つことを目的に取り組まれている運動です。

そして「ホワイト物流」推進運動は、①トラック輸送の生産性の向上と物流効率化、②女性や60歳代のドライバーなども働きやすい、より「ホワイト」な労働環境の実現、を目指すものです。

この背景には、物流サービスの安定的な維持が難しくなるかもしれないという危機感があります。トラックドライバー不足の深刻化によって物流機能が危機的な状況に陥らないようにするには、労働条件などの改善が必要です。そのためには出荷先や納品先での長時間待機、積込みや荷下ろしなど荷役作業の負担軽減などを実現しなければなりません。

このような作業の効率化や生産性の向上には、トラック運送事業者だけではなく荷物を出す企業、荷物を受け取る企業などの協力が不可欠です。そこで「ホワイト物流」推進運動への賛同企業を増やし、それぞれの立場から協力し合って「ホワイト」な物流を構築していこうという取り組みを進めているのです。

「ホワイト物流」推進運動に参加すると、次のような効果が期待できるとされています。①業界の商慣行や自社の業務プロセスの見直しによる生産性向上、②物流効率化による二酸化炭素排出量の削減、③

事業活動に必要な物流を安定的に確保、④企業の社会的責任の遂行、その他です。

ここまで紹介しました関係各省庁の連携によるトラック運送業界への支援の他にも、行政はトラック運送業界が過去に経験したことがないような様々なバックアップ体制を敷いています。これは、ここまで述べてきたように新しい日本社会の経済と暮らしを支える物流は営業用のトラック輸送を中心に持続可能な仕組みを考えていかなければならないという認識があるからです。

なお、国土交通省では2023年度から、これまでは総合政策局の公共交通・物流政策審議官部門に属していた物流政策課、物流産業室、国際物流室など物流政策や倉庫業などを所管する部署を、トラック行政などを所管する自動車局に移管する方向です。当著を執筆中に同省が2023年度の組織・定員要求に盛り込んで発表しました。当著の基本的なコンセプトのように、持続可能な国内の物流体系を構築するには、営業用トラックを中軸に据えて考えていくことが必要である、という行政の考えではないかと解釈しました。

このように、持続可能な物流体制を構築するためには、まず現在、トラック運送事業者が抱えている諸課題を解決しなければなりません。しかし、この諸問題解決が事業者だけでは難しいのが実態です。そこで発荷主企業や着荷主企業はもとより、サプライチェーン全体、さらには国民の理解と協力がなければ、持続可能な物流サービスの安定的な確保は困難である、という認識の現れがかつてない関係省庁の連携になっているのです。

このような中で2022年9月には経産省、農水省、国交省による「持続可能な物流の実現に向けた検討会」がスタートしました。

持続可能な物流構築はSDGsなど地球環境を守る世界的な課題とも関係

持続可能な物流の構築という点では、トラック運送業界も環境問題など国際的な使命も果たさなければなりません。

最近はDXとともにSDGs（持続可能な開発目標）という言葉をしばしば耳にするようになっています。ご存じのように2015年9月25日の国連総会で「我々の世界を変革する：持続可能な開発のための2030アジェンダ」を採択しました。その中で、2030年までに達成するSDGsとして17の世界的目標が示されたのです。

SDGsの17の目標は以下の通りです。

1貧困をなくそう、2飢餓をゼロに、3すべての人に健康と福祉を、4質の高い教育をみんなに、5ジェンダー平等を実現しよう、6安全な水とトイレを世界中に、7エネルギーをみんなにそしてクリーンに、8働きがいも経済成長も、9産業と技術革新の基盤をつくろう、10人や国の不平等をなくそう、11住み続けられるまちづくりを、12つくる責任つかう責任、13気候変動に具体的な対策を、14海の豊かさを守ろう、15陸の豊かさも守ろう、16平和と公正をすべての人に、17パートナーシップで目標を達成しよう。

このようなＳＤＧｓの17の目標達成に向かってトラック運送業界はどのような取り組みをしていけば良いのでしょうか。全日本トラック協会は「トラック運送事業者の今すぐできるＳＤＧｓ」という小冊子を出しました。

それによりますと、「環境」では、エコドライブの推進、アイドリングストップの推進、CO_2排出量の把握、環境性能に優れた次世代トラックの導入、ＥＭＳ（エコドライブ管理システム）関連機器の導入、その他があります。これはＳＤＧｓの7、11、12、13に該当します。

「安全」では、事故防止、飲酒運転根絶、健康起因事故の防止、あおり運転防止、整備点検の徹底、その他です。これはＳＤＧｓの3、8、11、16に該当します。

「生活」では、国民生活を支える物流の大宗（国内貨物輸送量の60％強を営業用トラック、30％強を自家用トラック）を占めるトラック運送業界、災害時の緊急支援物資輸送による避難生活の支援、その他です。これはＳＤＧｓの9、11、17に該当します。

「雇用」では、働き方改革、待遇改善、健康経営、資格・免許取得によるキャリアアップ、女性ドライバー（トラガール）や高齢者の活躍、その他です。これはＳＤＧｓの3、4、5、8、10に該当します。

さらに「その他」では、適正な運賃・料金の収受、共同輸送や中継輸送など輸送効率化の推進、モーダルシフト、ペーパーレス化、パレット化、DXへの対応、取引先とのパートナーシップなどがあります。これはSDGsの9、11、12、17に該当します。

このように見ていきますと、新しい日本の社会における持続可能な物流を構築するために取引先や国民の皆さんと共に協力してトラック運送事業者が取り組む課題は、環境問題や安全などをはじめSDGsの目標実現と軌を同じくしていることが分かります。

現に安全などではGマークの取り組みのところで見ましたように、事故発生率が低いという成果が出ています。また、環境では小型車を中心に石化燃料以外のトラックを導入する事業者が少しずつ増えています。

15
補遺

必要なコストは応分に負担し合っても生活（経済）が成り立つ適正な分配関係

「はじめに」でも書きましたように、実質的にはネット通販の利用者が送料を負担していることになります。これは企業と個人間の取引（ＢtoＣ）です。

一方、企業間取引（ＢtoＢ）に伴う物流ではどうでしょうか。実際にはＢtoＢの物流が圧倒的に多く、ＢtoＣやＣtoＣ（最近はＷｅｂ上での個人間取引＝ＣtoＣ－ＥＣも増えてきています）は物流全体から見ますと少ないです。

物流のほとんどは企業間取引によるものですが、この企業間取引に伴う物流では、応分のコスト負担がなされていないような実態があります。それにはいくつかの理由があります。

まず、日本の物流サービスの水準は世界的に見ましても最高水準にあります。日本では、リードタイムも短く、誤配や数量ミスなども少なく正確で、しかもコンスタントに荷物が輸送されているという点で世界のトップレベルです。先に見ましたように「破損」などにも細心の注意をはらって荷役作業などが行われています。それだけ日本の物流現場で働いている人たちは精神的疲労なども含めてレベルの高い作業が求められているのです。

「24時間365日」の物流サービスをセールスポイントにしている事業者がいますが、諸外国に行ってそんな営業をしていたら、「なぜ24時間365日が必要なのか」と不思議に思われるでしょう。

当社は1日24時間も仕事をしていませんので、深夜や早朝に納品に来られても誰もいません、ということになります。365日にしても当社は週休2日ですし、長期休暇も取りますので、そんな必要はありません、ということになるはずです。

つまり、日本の物流サービスは「ガラパゴス化」している面があるのです。

荷物を出す企業では、そのようにガラパゴス化したサービス水準をトラック運送事業者に求めます。しかし、それ相応の対価を支払っているかといいますと、コストは国際競争や国内でも競合他社に勝てる水準に抑えたいと考えています。

提供しているサービス水準に対して、運賃・料金水準が低い基本的な理由がここにあります。さらに、それに拍車をかけているのがトラック運送業界の多層構造です。多層構造自体が悪いのではありません。元請事業者が下請事業者に対して果たすべき元請責任の意識が希薄なことに問題があるのです。委託した業務に対して応分の運賃・料金を支払うには、荷主に対してどれだけの運賃・料金を請求しなければならないか、と考えるのが本当の意味での元請責任です。

しかし現実には、荷主からこれだけで請けた仕事だから自社で運んだのでは利益が出ない。そこでマージンを取って下請にこれ以下の運賃で運ばせよう、というのが現在の多層構造の本質です。

このように応分の対価が支払われていないのに、トラック運送事業者（特に下請事業者）はなぜ経営が維持できるのか？　という疑問がわいてくるでしょう。

その理由は簡単です。物流現場で働いている人たち、とりわけトラックドライバーにあらゆるシワ寄せをしているからです。全産業平均よりはるかに長い労働時間で、低水準の収入というところに、取引関係の矛盾がすべて収斂しているのです。

つまりトラックドライバーの長時間労働と低賃金によって日本の物流が成り立っている、ということになります。そのような中で「２０２４年問題」が関心を集めているのですが、このような現状を改善するために、国民の皆さんの理解と協力が必要なゆえんがここにあります。

その第一歩が、ネット通販の送料も応分の金額を購入者が負担する、企業間取引の物流においても求めるサービス水準に見合った運賃を負担する、ということです。

何事においてもそうですが、商品購入者やサービスを享受する側は応分のコスト負担をすることが当たり前の社会にならないといけません。そして必要なコスト負担をしても生活や経営が成り立つような分配構造をつくることが、新しい日本社会を支える持続可能な物流の前提になります。

「ありがとう」が「当たり前」を「当たり前」にするモチベーションに

「意気に燃える」という慣用句があります。今風にいえば「モチベーション」に近いだろうと思います。そして、何をするにもモチベーションは重要です。

トラックドライバーは、コロナの感染リスクを抱えながらも荷物を運び続けています。どんなに感染予防を施しても完璧ということはあり得ません。しかし、社会的に果たしている役割を放棄することはできないのです。国民生活と経済活動を止めるわけにはいかないからです。

先述しましたように、そのような人たちをエッセンシャルワーカーと評する声もあります。しかし一方では、まだまだドライバーに対する根強い偏見があることも否定できない事実です。心無い言動に意気消沈したドライバーもいます。反対に「ありがとう」というさりげない一言でモチベーションがアップしたと話すドライバーもいます。

福井県トラック協会は、2020年に地元の福井新聞社と「ありがとらっくプロジェクト」に取り組みました。コロナ禍でも荷物を運び続けているトラックドライバーへの「ありがとうの手紙」を一般募集したのです。

２０２０年8月2日から31日までの期間に、最大１００字までで一言でも良いからと、ドライバーへの手紙を出してもらいました。手紙は郵送、Eメール、SNSでも応募可能としました。

その結果、１５５通の手紙がありました。そして同年10月9日の「トラックの日」に福井新聞紙上で入選者を発表しました。また、10月11日に最優秀賞1名、優秀賞6名（小学生以下の部、中高生の部、一般の部から各2名）の表彰式を行いました。

最優秀賞のUさん（中高生）の手紙の中には「私たちの『当たり前』は確実に守られている」と書かれていました。また、優秀賞のSさん（一般）も「あたりまえを本当にありがとう」と書いています。その他、普段はあまり気づかない「当たり前」が物流によって支えられているといった感謝を綴った手紙がいくつかありました。

小学生以下の部の優秀賞2点は共通する内容でほほ笑ましくなります。Sさんは「ランドセルを　とどけてくれてありがとう。……いちねんせいになるのが　まちきれないよ。つぎはおとうとのも　おねがいします」と書いてくれました。おそらく離れて暮らす祖父母からのプレゼントだろうと思われます。同じようにTさんも、東京のおばあちゃんが「かってくれたおもちゃを　はこんでくれている　ひとたちのおかげで　おばあちゃんと　あえたきもちです」と書いています。

その他、入選しなかった手紙も含めて、離れて暮らす人たちがコロナ禍で会えない中でも、贈り物など物流が人と人、心と心をつないでくれていることへの感謝の言葉が多く見られました。

「ありがとうの手紙」を多くのドライバーの人たちに読んでもらえたら、仕事へのモチベーションがアップし意気に燃えることでしょう。そして「当たり前」を「当たり前」に持続するためのモチベーションになるはずです。

新しい日本社会の暮らしと経済を支える持続可能な物流サービスは、トラック運送事業者や、企業の物流関係者だけではなく、国民の皆さんの理解と協力が不可欠です。

おわりに

やっと書き終えた、というのが率直な気持ちです。現在の心境はこれまでとは違う内容の原稿をやっと書き終えた、という一言に尽きます。

従来は物流業界とりわけトラック運送業界を対象に、取材した優れた事例の紹介を通してそこからヒントを得て自社の経営に活かしていただきたい、という内容の本がほとんどでした。しかし当著は物流の内容にはあまり深掘せず、トラック運送を中心に国内の物流を取り巻く全体像を描くような内容にしました。物流全体を広く、浅く、といった内容です。

そのため、これまでとは異なる内容で、自分自身にとっても大きな転換点になる著書です。

当著の主旨は「はじめに」で書いた通りです。新しい日本社会の暮らしと経済を支える持続可能な物流の構築を国民の皆さんにも一緒に考えていただきたい、という問題提起です。思い通りの内容になったかどうかは読者の皆さんのご判断を仰ぐしかありません。

なお、当著を執筆するに際しては、白桃書房のベテラン編集者である平千枝子氏に企画段階からたくさんの示唆をいただきました。平氏の編集者としての長年の経験と蓄積された知見に基づく的確なアドバイスがあったから、当著を書きあげることができました。紙面をもってお礼申し上げます。

2022年12月1日

物流ジャーナリスト　森田富士夫

■参考文献等について

当著は基本的に筆者の取材に基づいて執筆しています。引用した資料やデータなどにつきましては、出典も含め必要に応じてその都度、本文の中に記しています。

しかし、ニュースリリースやホームページなど当事者が発表しているものに関しましては、特に出典などを記していません。

なお、当著の3分の2程度は筆者がすでに各種媒体に発表したものをベースに、内容を一部修正、加筆などをして流用しています。

初出の主な媒体は、以下の通りです

・Yahoo! ニュース個人
・全日本トラック協会発行の「広報とらっく」
・物流ジャーナリスト倶楽部が毎月発行している会員制情報誌「M Report」各号
・その他

■著者紹介
森田富士夫（もりた　ふじお）
1949年茨城県常総市（旧水海道市）生まれ。物流ジャーナリスト，日本物流学会会員。物流分野を専門に取材して会員制情報誌『M Report』を毎月発行。業界向け新聞・雑誌・Webマガジンなどにも執筆し，各種セミナーで講演も行う。テレビ，ラジオ，全国紙，週刊誌などにも，物流ジャーナリストの立場からコメントしている。
主要著書：『トラック運送企業の働き方改革～人材と原資確保のヒント～』（白桃書房，2019），『トラック運送企業の生産性向上入門～誰にでもできる高付加価値経営の実現～』（白桃書房，2017），『ネット通販と当日配送～BtoC-ECが日本の物流を変える～』（白桃書房，2014），その他多数。
連載：全日本トラック協会「広報とらっく」に『トラック運送事業者のための経営のヒント』，東京都トラック協会「東京都トラック時報」に『運輸点描』（月１回），いすゞ自動車「輸送リーダー」に『他社に打ち勝つ競争力アップのための発想』，Webマガジン「トラックNEXT」に『運送事業者レポート』と『業界人ブログ』。
Web動画：物流情報サイト「LOGISTICS TODAY」のYouTube公式チャンネル「物流報道局」の番組『明日の一手』にインタビュアーとして出演。
不定期出稿：Yahoo!ニュース（個人）に月１回程度UP。

■「送料有料《そうりょうゆうりょう》」です！
—人口減少社会《じんこうげんしょうしゃかい》でも持続可能《じぞくかのう》な物流《ぶつりゅう》サービスのあり方《かた》—

■発行日——2023年1月26日　初版発行　〈検印省略〉

■著　者——森田富士夫《もりたふじお》

■発行者——大矢栄一郎

■発行所——株式会社　白桃書房

〒101-0021　東京都千代田区外神田5-1-15
☎03-3836-4781　Ⓕ03-3836-9370　振替00100-4-20192
http://www.hakutou.co.jp/

■印刷・製本——藤原印刷